JN084786

君たち文系はどう生きるか

東大で「鬼」と呼ばれた教授が伝える
人生に活きる授業と成長へのヒント

荒巻 健二

はじめに

「文系で学ぶことは我々の人生に役に立つのだろうか」

これは多くの真面目な文系学生が感じる疑問かもしれない。大学に入学し単位修得義務の充足と自分の興味関心を基準に履修科目を決定し、さまざまな分野の学問的蓄積に触れ一生懸命学習し、仮に良い成績を挙げても、特定の分野で手に職（社会人生活につながる専門的な知識や技能）を得たという実感は薄い。就職活動で優良な成績はマイナスではないであろうが、クラブ活動など学習以外で実績を挙げた学生がより輝いて見えたりもする。最終的な就職先もゼミなどでの専攻分野とのつながりはほとんどない。いったい大学でその先の人生のために何を身につけられたのであろうか。

実は筆者自身がこうした思いで大学生活を送った。はるか昔１９７０年代に文系学部で学び、それなりに真面目に勉強し成績もそこそこ良好であったかもしれないが、自分の将来とのつながりは全く見えなかった。結局、４年生の最後になって就職をとりやめ、別の学部に学士入学し公務員の道を歩んだ。このように学び成長したという実感のない大学生活を送ることとなったのは、言うまでもなく、当初より明確な問題意識を持って大学・学部を選び自主的に学んでいけなかった自分が悪いのであるが、弁護士や会計士あるいは公務員を目指し実学的な学習をする場合を除き、実社会と学習内容とのつながりが薄いという多くの文系学部のあり方にも問題があるように思われる。

本書の中で触れるが、筆者は1990年代に役所（大蔵省〈現財務省〉）から地方の大学の経済学部に出向し教員生活を送ったが、私語で満たされる講義室で受けたショックは、その後埼玉大学、京都大学、東京大学、ロンドン大学、東京女子大学で教鞭をとっていく間も頭を離れることはなかった。学生が大学での学習を彼ら／彼女らの人生にとって意味のあるものととらえていないとすれば、それは学生の学習姿勢の問題ばかりでなく、我々が行っている教育（文系学部での教育）自体にも問題があるのではないか。こうした疑問に導かれ、この四半世紀、いかにすれば学生にとって意味のある授業となるのか、試行錯誤を繰り返してきた。

本書は、こうした学生の人生に活きる授業を求めた未熟な大学教員の試みの記録であるが、その中で学生の成長を感じた事例をできる限り盛り込み、最終章である第6章では四半世紀にわたる教壇での経験を踏まえ、文系学部でいかに学ぶべきか、実践的なアドバイスを提示している。4年間（就活を考えれば学習に専念できるのは実質的には2年程度）という短い大学生活の中で学生には思う存分成長して欲しい。そのポイントは、自分の頭で考える力の強化にある。特にAIの驚異的進歩に直面しているこれからの世代にとっては、自律的にかつ論理的に考え、それを説得的に提示する力をつけ、AIに負けない（AIを超える）キャリアを形成していくことが切迫した課題となる。現在あるいはこれから大学生活を送る若い人達、さらには若い文系社会人が本書から成長へのヒントを汲みとり、充実した人生を送るための参考の一つとして活かしていただければこれにすぎるものはない。教員にとって学生や若い人の成長は最上の喜びである。

ガンバレ、文系生！

君たち文系はどう生きるか
東大で「鬼」と呼ばれた教授が伝える人生に活きる授業と成長へのヒント

目次

第1章　私語のショックと外の世界に触れることによる学生の成長

私は1976年（昭和51年）に大蔵省に入省し、オックスフォード大学大学院への留学（1978〜80）、IMF（国際通貨基金）財政局への出向（1987〜89）など何回かの海外勤務をはさみつつ、国際金融局、主税局、証券局などで勤務した。私の大学教員生活は90年代後半に突然始まった。

1．地方大学への赴任

突然の通告「大学に行ってもらうことになりました」

1997年1月半ば、前年の夏に入省時に配属された大蔵省国際金融局に18年ぶりに戻り、開発金融課の課長として、円借款など対外資金協力の仕事に従事し、海外出張を繰り返していた私は、秘書課長室から「課長のところに来ていただけませんか」との電話を受けた。秘書課長とは人事課長であり、役所の人事異動期は夏であるので、異例のタイミングでの呼び出しである。当時は大蔵省がさまざまな批判にさらされている時期であり、「思い当たることはないが、自分は何か悪いことをしたのだろうか……」と自問しながらも上着を付け、4階から2階の秘書課長室に向かった

秘書課長室に着くと、戸口まで出てきた入省時から旧知の4年先輩の秘書課長は「あゝ、荒巻君、

この夏から大学に行っていただくことになりました」と過去形で伝えられた。穏やかな口調ではあるが、打診ではなく、決定事項であることは明らかであった。役所の人事は海外赴任などの場合を除き原則として打診という形はとられない。どのような仕事でもこなすのが当然であり、行った先で速やかに一人前の仕事をすることが期待されている。「そうですか。分かりました」と受けて4階の局に戻り、総務課長、局長に報告した。当然のことながら幹部はこの人事を知っていて、後にミスター円と呼ばれた局長は「君はどっちの大学に行くんだっけ」といったやや呑気な反応である。自分のこととは意識していなかったのだが、当時大蔵省は大学からの要請を受け、いくつかの大学に職員を出向させており、その夏は出向者の交代時期に当たっていた。局長が触れた別の大学にはやはり同じ国際金融局の後輩が出向した。

1年で学部長となった前任者

私が赴任することになった大学における私の前任者は式部透氏で役所では1年後輩であった。式部氏は同大学の経済学部の要請に応じて大蔵省から初めて出向し、後から考えると驚くべきことであるが、よそ者であるにもかかわらず2年目に学部長に選任され、当初の2年任期を3年に延ばし、当時あった短期大学の吸収合併という仕事に辣腕をふるっていた。式部氏は後任を打診され、その中に私の名前があったようで、業務経験の近さ（式部氏は高校時代に留学し、入省後米州開発銀行（IDB）勤務）からか私（入省後英国に留学し、IMF勤務）を指名したと後で聞いた。開発金融の仕事がおもしろく、もう1年は務めるのだろうと予想していた矢先であったので、少し唐突感はあったものの、今思えば、大学で教えることへの違和感は全くなかったといえる。

その後夏までは、当時の橋本龍太郎総理の東南アジア歴訪に随行し、高熱で倒れてしまった秘書官の補助を務めるなど総理の近くで仕事をさせていただき、大学赴任の直前の6月には三塚博大蔵大臣の中国訪問に随行し、北京の閑静な釣魚台に宿泊し、外務大臣、人民銀行総裁などとの面談に立ち会うとともに、そこから上海に赴きその発展ぶりに強い印象を抱いた。帰国後半月ほどで、発令日（7月1日の香港返還日と同日）を迎えた。

発令日の翌日にアジア通貨危機勃発

7月1日の発令後、挨拶回りを済ませ、翌2日に大学に着任した。

前任の式部氏は夏季休暇中にゼミ生をアジアに連れていくというプログラムを始めており、前年はインドネシア、その年は3年生とタイに行く予定となっていた。そのプログラムを引き継ぐために在バンコク日本大使館に書記官として大蔵省から出向していた和田隆志氏とは赴任前から連絡をとっていたが、その日も打合せのために和田氏に国際電話をかけた。和田氏は電話に出ると

「荒巻さんから電話があるといつも何か起きますね。今朝タイ中央銀行が為替レート決定システムを変更するとアナウンスし、今ヒアリングに行くところです」とだけ話すとあわただしく電話を切った。その7月2日、かねてより売り投機のターゲットとされていたタイ・バーツは、1日だけで約15％もの暴落となった。アジア通貨危機の勃発である。

タイ経済が過熱気味であることは、その年の初め頃からIMFなどでも話題に上っていたが、夏のバーツ急落があっても私などはタイを含めアジア経済に対する信認が強く、通貨下落が徐々に他の東南アジア諸国に広がった秋近くになっても、通貨危機という言葉ではなく、東南アジア通貨変動と呼んでいた。その後1年にわたりアジアを揺るがした「金融暴風（financial hurricane）」（当時の中国の新聞での表現）が始まりつつあることに気が付かなかったのは、今にしてみれば不明を恥じるばかりである。

初教授会で発言し雑用係に

赴任してすぐに経済学部の教授会があった。結構大所帯でメンバーは40名近くはいたであろうか。離任直前の式部氏もおられる中、着任の挨拶を行い、「こちらの大学に行くと役所で挨拶すると『(式部氏の後任として）学部長をやるのか』と言われる」と述べると、笑いが起きた。今にしてみれば、そんな微妙な話題に着任挨拶で触れるというのは、デリカシーを欠くという気がする。そもそも式部氏が学部長となったのも、改革の進め方で学部内が割れ、その結果として起きたということのようで、皆驚いたのではないかと思う。初教授会で早速手を挙げて発言して、式部氏から「最初の教授会で発言するなんて」とあきれられた。「雉も鳴かずば撃たれまい」を絵にかいたような話で、ほどなく総務委員長という雑務の親玉のような仕事に就かされてしまった。

2. 私語のショック

大学での担当授業は、週に2コマの国際経済政策論の学部講義、3年生、4年生のゼミ、大学院の授業等であった。問題は学部講義で起こった。

突然の怒声「君たち、静かにしたまえ!」

大学に行って最初に驚いたのは講義中の学生の私語であった。学生の私語については、講義を本格的に始める前から同僚に聞いていたので、先手を打ち、初回講義で私語厳禁を申し渡した。出席はとらない、つまり私語をするくらいなら出て来ないで良い。つまらなかったら眠っても良いし、静かに出ていくのであればそうしても良い。しかし、私語だけは、他の生徒にとっても先生にとっても迷惑であるので、してはいけない、といった話をした。当初の数回は問題がなかったと思う。新任教員の物珍しさもあったのかもしれない。ところが、学期も進んできたある日の講義中、いつも前の方の席で熱心に聞いている学生（会社を定年退職された方で私より年長）が突然後ろを振り向き「君たち、静かにしたまえ！」と叱りつけた。不覚ながら、私はその時に初めて講義中の私語がそこまでひどくなってきていることに気が付いたのである。ざわついているようで話しにくいとは感じていたが、講義に気を取られ事態の悪化に気が付かなかったわけである。その日から私語との闘いが始まった。まず初回講義時に申し渡した私語厳禁ルールを再確認し、私語をやめない人は退出してもらうと改めて言い渡した。こういうことは気になりだすといけない。とうとう教壇を離れ私語をやめない学生のところに歩いていき個別に注意を与え、全員に向かって次の講義でもし私語をする人がいればその場で出ていってもらうとの宣言を行った。これで止むかと思うと翌週の講義でそれでも私語を続けている女子学生がいる。とうとう名前を聞き２人とも退出してもらった。こちらにとっても後味の悪い出来事である。その学生の名前は気になり、記憶に残ったのだが、学年末試験の採点をしていてその１人が極めて良い点数を取っていることを見つけ、意外な気がした。危機感を持って頑張ったのであろうか。

なぜ学生は私語をするのか―教員はテレビ？

学生はなぜ私語をするるか、いろんな人から意見を聞いた。ある先生は、学生はテレビを見るのと同じ感覚で講義に来ているという見方をした。おもしろければ見るが、つまらなくなると隣の友達と話して、時々前を見ると「ああ、まだやっている」というわけである。それで時々テレビが怒り出したりするとびっくりするのである。実際、私の講義でも、注意してもしゃべりやめない男子学生が2人いた。彼らは身振り手振りを交えておしゃべりに夢中で注意を受けていること自体に気が付かないのである。そこで近くまで歩いていきさらに強く注意すると、その時になって初めて周りが静かになってからしばらく経っており、先生がどうも自分たちに対して怒っているらしいということに気が付くのである。

学生が私語をする理由としてもう1人の先生は、極論かもしれないが、学生は講義に私語をしに来るのだという見方をしていた。今の学生はかつてのように学生運動が盛んなわけではなく、運動部などのサークル活動も活発でないので、友人に会うのは講義室くらいしかない。だから講義室こそおしゃべりの場なのだという説である。

私語は激減、しかしその実体は……

どちらの説も当たっているところがあるのであろうが、私の考えを述べる前にどのようにして私語退治を行ったかをまず書こう。ルールを明確にし、個別具体的に適用すること（一般論では意味がない）が基本であることは既に書いたが、それでも1年目はいたちごっこに終わった印象があった。ところが2年目には私語がほとんどなくなったのである。私の講義が、時事問題を入れるなど工夫に努めてはいるものの急におもしろくなったわけでもないであろう。1年目と比べて一番大きな変化は1年目に毎回講義終了時に提出させていた質問票（その日の講義に対する質問を出させ次回に答えるもの）を2年目は原則としてなくしたことである。これにより出席者が若干減り私語は激減した。つまり、学生は質問票の提出を出席点だと思っていたのである。これをやめて出席をとるためだけに来る学生が2年目に姿を消したのが一番大きな理由と思われる。事実、1年目には講義終了5分前くらいに入ってきて質問用紙を取っていく学生が見受けられたし、講義の最後の方の言葉を繰り返しただけの質問とも何とも取れないことが書いてある質問票も時に見られた。毎回、配布資料の中で質問用紙の減り方が他の資料に比べ目立って大きかったが、これもいわば代返用に仲間がとっていったものと思われる。採点をしていて質問票の提出状況を調べたことがあるが、ある日の講義に同一名で2枚の質問票が出ているのを発見した。おそらく代返がダブってしまったのであろう。それ程に学生の出席への執着は非常に強いものであった。私自身の経験ではないが、同僚のある先生は、昔のラジオ体操の出席表のようなシートを受講生1人につき1枚渡し、講義の都度、教壇まで受講生を1人ずつ来させて該当日にハンコを押すことで出席管理をしていた。ところが、受講生の1人がそのハンコを偽造していることを別の先生が知り、それをその先生に伝えた。私はたまたまその場に居合わせたが、その先生は絶句するのみであった。

もう一つ私語退治に効果があったと思われるのは、学部長に勧められたもので、講義室内を歩きながら講義するという工夫である。2年目の途中でアンケートをとったところ、「静かで講義が受けやすい」という声が多かったが、中に「先生は部屋の右側ばかり歩くが、左側の方もちゃんと歩いて欲しい。こっち側はまだおしゃべりしている者がいる」という要望もあった。私語で悩んでいたのは私だけではなかったわけである。

胸に宿った疑問—我々は社会に役に立つことをしているのだろうか

さて、学生はなぜ私語をするのか。基本的原因は規律の欠如にある。ただ、より深く考えると、私語は大学の役割の根本的なところに関わってくる。学生は単位は欲しいが、講義の内容を身につけようとはしていない、あるいは身につけなくとも問題はないと思っているように見える。彼らの目標は卒業することであり、そのために単位をとることである。つまり、進級・卒業という問題意識はあるが学んで力をつけようという問題意識はないのである。これは彼らだけの問題なのであろうか。仮に彼らが自分の専攻分野(例えば、経済)を一生懸命に学び良い成績を修めたとしても、それが就職やその後の彼らの人生に実感できるようなプラスをもたらさないとすれば（少なくとも彼らはそう考えているように見える）、授業の内容を身につける努力が少ないとしてもそれは不合理とは言えないのではないだろうか。

関連して思い起こされることは、当時（今から20年以上前）特に文系で大学院に進むことは研究者を目指すことに近く、研究者以外の道はむしろ狭まる印象があったことである。学部で行っていることをさらに深めると社会に出られなくなるということはいったいどういうことなのか。我々は社会に役に立つことをしていないのであろうか。この時に生じた疑問は、それ以来、私の頭を離れることはなかった。その後の大学でのさまざまな試みは、四半世紀近く前に抱いたこの問いへの答えを探すものであったように思える。

3．教育熱心はバカかもの好き

ゼミはエンドレス宣言

この時代に一番力を入れたのはゼミであった。特に自分で希望者に面接を行いメンバーを選んだ翌年の3年生には、ゼミ日はエンドレスだと申し渡し、ゼミの後にバイトやサークル活動を入れることを禁じた。4時頃に始まり、夜暗くなった7時頃に終わることもまれではなかった。終わって研究室に戻る途中で出会った同僚にゼミが今終わったところと話すと、「鍛えますねー」と半ばあきれた声を出した。他の学生の間でも「荒巻ゼミは厳しい」という話がよく出ていたそうで、私の授業への悪評はこの頃からのもののようだ。

外的刺激への反応で形成される自己

後に京大でも東大でも私の授業には厳しいという評価が聞かれた。本人にはあまりその認識はないのだが、なぜそんなに厳しいと言われる授業になるのだろうか。考えるに、これは私の人間観に根差すようだ。人間は外的刺激への反応を通じて形成されるというのが私の持論で、教育の役割はそうした反応を引き出す刺激を与えることにあると考えている。こうした考えの裏返しでもあるが、私は自分探しという言葉が好きではない。かつてスーパーヒーローであったサッカーの選手が引退を表明し、「自分探しの旅に出る」と言った瞬間にその魅力は急速に失われた。人間は自分の中を探しても出て来るものはないと思う。昔、新聞の記事で読んだことであるが、インドのガンジス川のほとりに住む老人が、「若い日本人がよくここを訪れて、ガンジス川を日がな眺めている。彼らは自分が何をしたいかを考えていて、何をしなければいけないかは考えていないようであった。あまり幸せそうには見えなかったね」と述べていたと記されていた。

授業を考えると燃えてくる

話が横道にそれたが、（当時としてはぼんやりと念頭に置いていただけだが）授業を通じてそうした刺激を学生に与えるということを考え始めると、講義でもゼミも、これをやったらどうだろう、あれも触れた方が良いのではと次々とアイデアが浮かび、適当な言葉が見つからないが、どこか燃えてきて準備に取り組んでしまうのである。学生にとっては迷惑な話だったのかもしれない。

教育熱心はバカかもの好き

大学の同僚はよそ者である私にも皆温かく接してくれた。その中でも親しい交流があった方に経営史のT先生がいた（先ほどのハンコ偽造を発見した先生である）。その先生は非常に鋭い方で鉈で人をぶった切るような激しいところもあり、陰の実力者として一目置かれていた。私とは性格はかなり異なるが、ウマが合うという気がしていた。T先生は、ある時私に向かって、「大学で熱心に教育をするのはバカかもの好きだけだ」との言を吐いた。

確かに日本の大学では研究業績を挙げることが最も重要である。それがなければそもそも大学に職を得たり、昇任したりすることはできない（採用や昇任の基準を見れば明らかである）。そうしたインセンティブ構造がビルトインされている大学の先生にとって教育はやむを得ない負担

（授業は「教育負担」と言われることがある）である。仮に教育に力を尽くし、学生に評価されても、給料が増えたり昇任にプラスになったりということは（少なくとも当時は）皆無であった。時間をかけ熱心に教育しても、ついて来れない学生は不満であろうし、単位を落とした学生が大量に留年することになれば、大学としても困る。学生のためだという本人の思いは満たされるかもしれないが、別の見方からすれば、目先、誰のためにもならないとさえ言える。実際、東大に移ってからの授業についても、友人から、冗談半分かと思うが、「そんなに熱心に授業をされたら学生にとっても迷惑で、誰のためにもならないのではないか」と言われたこともあった。

成長するものはうれしい

実は、「教育熱心はバカかもの好き」という言葉を吐いたT先生自身がかなり教育熱心な先生であった。時折指導する学生の話をしてくれたが、1人は全く勉強が苦手な学生であったが、どうしたら良いかと聞かれて、「とにかく分からない言葉があったら、イミダスでも知恵蔵（ともに、当時よく利用された現代用語辞典）でも何でもいいから調べろ」と話したそうだ。そうするとその学生は、それ以来常に百科事典のような重い辞書をリュックに入れて持ち歩き何か分からないことがあれば調べていたようである。その成果が表れたのは就職である。T先生はその学生が一流の企業に就職が決まったとうれしそうに話していた。

私もかなり教育には時間を注いだ。自分をバカとは言いたくはないが、少なくとももの好きなのではあろう。ほんのわずかなことでも学生の成長を感じるときはうれしくなるのである。東大での私の担当授業で当初は授業内容を難しいと感じたようであった学生が日本銀行に奉職し、通信制講座で経済学を学び続ける努力を重ね、数年後には米国の超有名大学の経済学部の大学院に留学するという快挙を報告してくれたり（その学生を知る米国で学んだ駒場の同僚の経済の先生は驚いていた）、東京女子大のゼミ生でコピーアンドペーストに近い文章書きしかできなかった学生が、図表やデータを引用し、そこから自分の言葉で書ける感覚をつかんだと伝えてくれたりすると、それだけでうれしくなる。成長するものはうれしい。やはり教員は辞められないと思う瞬間である。

熱心さも行き過ぎると迷惑

ただ、熱心さも行き過ぎるとマイナスである。先の経営史のT先生は、別の学生がゼミを休むのでとうとう学生のアパートまで訪ねて出席を促したが、最後はその学生は母親に「先生に怒られる」と言って退学してしまったそうだ。

私にも行き過ぎた指導の反省がある。1年目の3年次ゼミ生は翌年は就職活動の時期であった。私はゼミ生に「ゼミは原則出るように。就活でどうしても休む時は連絡を」とゼミ出席を働きかけていた。その結果、わずか8名のゼミから就職先未決定による留年生が3名もでるということとなった。私の大学は大都市からは離れたところにあり、そのような奥まったところで就活をしようとすると、県外に出ていかなくてはならないこともあり、授業への通常通りの出席は困難なのである。大いに反省し、連絡さえすれば就活を優先すべしという運営に改めた（留年生は翌年全員無事就職し、ホッとした）。

4. 現場、現実にさらす授業

女性が元気なゼミ

講義については私語に悩まされたが、ゼミは別世界であった。7月に赴任し、引き継いだゼミを始めてみると、とにかく女性が元気であることを感じた。8名のゼミ生は男女半々であったが、ゼミ幹事はもちろん女子で、学業優秀で考えたことをはっきりと発言し、実行力もある指導教員としては実に頼りになる学生であった。その学生と親しかった別の女子学生も突進力があった。赴任早々前任の式部氏とゼミ生全員で歓送迎会を催してくれた。しかし、会の幹事がおらず始まらない。式部氏が業を煮やして「おーい、誰か始めろ」というと、その彼女がすっくと立って「それでは……」と開会を宣言し乾杯をさせた。この時受けた印象は2年間変わることがなかった。

例えば、私のゼミでは、議論の仕方を訓練するため、時にディベートをさせた。私が大学で教えた経済協力や開発に関する特定のテーマ（例えば、「外資導入に依存した開発は是か非か」など）を与え、ゼミ生を二分し、互いに討論させるものである。その際、基本的主張を展開し、議論の口火を切る最初のスピーカーは両陣営ともに女性のことが多い。時に女子学生に突っ込まれて黙ってしまう男子学生をみると、「頑張れ」と声援を送りたい気にもなる。また、担当する講義に外部講師を招くことがあった。前職（開発金融課長）の関係で外務省のカウンターパートであった有償資金課の佐渡島志郎課長や中南米局の水上正史課長、海外経済協力基金の河野善彦部長、飯島聡課長、世界銀行東京事務所の宮村智所長ほか何人もの方が多忙な中で大学を訪れ、開発政策の形成やその実施、現場での経験などについて話をし、机上では得られない刺激を与えてくれた。こうした方とは時間が許せばゼミに参加してもらったり、ゼミ生との夕食会を持ったりした。こうした企画には女子学生は常にほぼ全員が出席したが、男子はクラブやバイトで出て来ないことが多かった。彼女たちが少しでもたくさんのことを聞き出そうとゲストを質問攻めにしているのを見るのは心強い思いであったが、同時に男子も少しは女子を見習ったらどうだ、とつい小言を言いたくなったのも事実である。

タイ訪問

赴任翌月の8月末から9月上旬にかけ、8名のゼミ生とともにタイを訪れた。ゼミで研究する開発援助の現場を訪ねる実地研修である。外務省、大蔵省、在バンコク日本国大使館、海外経済協力基金（ＯＥＣＦ）、国際協力事業団（ＪＩＣＡ）、在タイのＪＩＣＡ専門家の方々など多くの方々のご協力をいただき実現した。バンコク、古都チェンマイ及びスコタイを訪ね、工業団地、農地保全、有機農業、火力発電、山岳民族支援など七つの日本のＯＤＡの現場を訪問した。

現地では顔つきまで変わる刺激

現地ではＯＥＣＦやＪＩＣＡの現地職員が実に的確な案内をしてくれ、タイ側の担当者も熱心に説明し質疑に応じてくれた。学生たちにとっては、日本のＯＤＡプロジェクトへの理解を深める素晴らしい機会となった。

同時に、彼ら／彼女たちは極めて貪欲に見聞を広めた。バスの窓から見るバンコクの景色や人、街の様子、食べ物や野生の動物（野外のトイレを使おうとしたら、体長30～40㎝もある大きなトカゲが先に入っていて学生は目を丸くしていた）まで全てが刺激に満ちているようであった。ゼミ生の中には訪問中興奮しっぱなしでほとんど寝ていないのではないかと思うような女子学生もいた（歓迎会で乾杯の音頭をとった学生である）。式部氏は前年度にゼミ生をインドネシアに連

タイ：訪問対象プロジェクトおよび日程
(1997年8月30日(土)～9月6日(土))

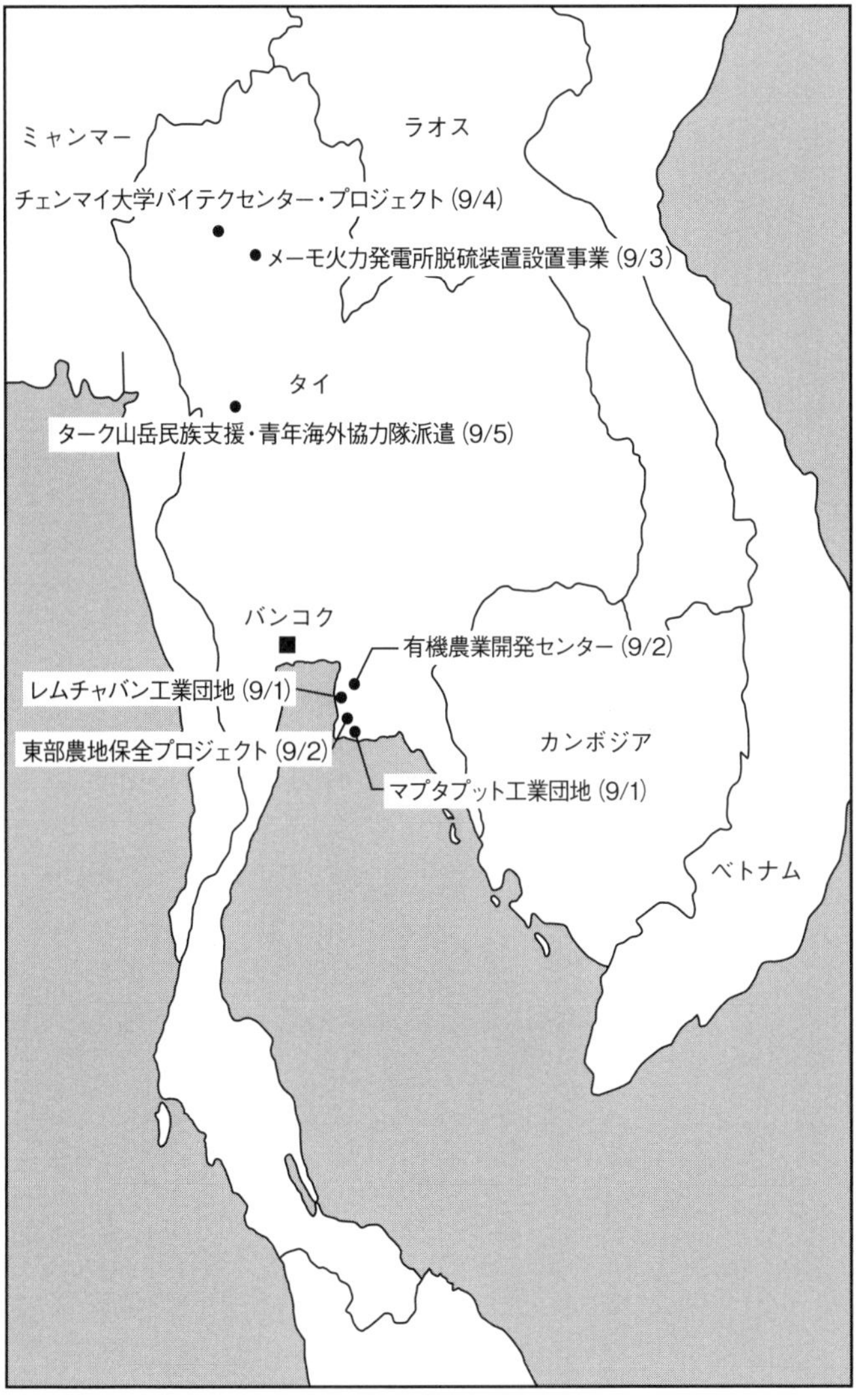

れて行った経験として「学生は顔つきまで変わる」と言っていたが、私もその通りの印象を受けた。全て期待通りに進むわけではなく、未熟な面があるかもしれないが、海外に連れ出し、英語でのやり取りへの挑戦を含め刺激に触れさせることで学生は大きく成長する。ほとんど寝なかった学生ほか何人かとは今もコンタクトがあるが、それぞれ仕事を持ち充実した社会人としての人生を歩んでいる。

ベトナム訪問―貧しさの中の明るいエネルギーに魅了される学生

2年目は1998年8月下旬から9月初めにかけ、ゼミ生とともにベトナムを訪れた。今回も、外務省、海外経済協力基金、国際協力事業団の方々のご協力をいただき、発電所、道路、学校、病院建設、町並み保存、法整備支援など我が国のODAプロジェクトの現場を10カ所訪問した。南部のメコンデルタ地帯からホーチミン、古都フエやベトナム戦争期の米軍基地所在地ダナンのある中部、さらに首都ハノイのある北部までベトナムを縦断する旅であった。日本側のきめの細かい支援と日本の支援でできた古い発電所を丁寧にメンテナンスしてなお使い続けていることに示されるベトナム側の勤勉な対応姿勢に強い印象を持った。

ベトナム：訪問対象プロジェクトおよび日程
(1998年8月26日㈬～9月3日㈭)

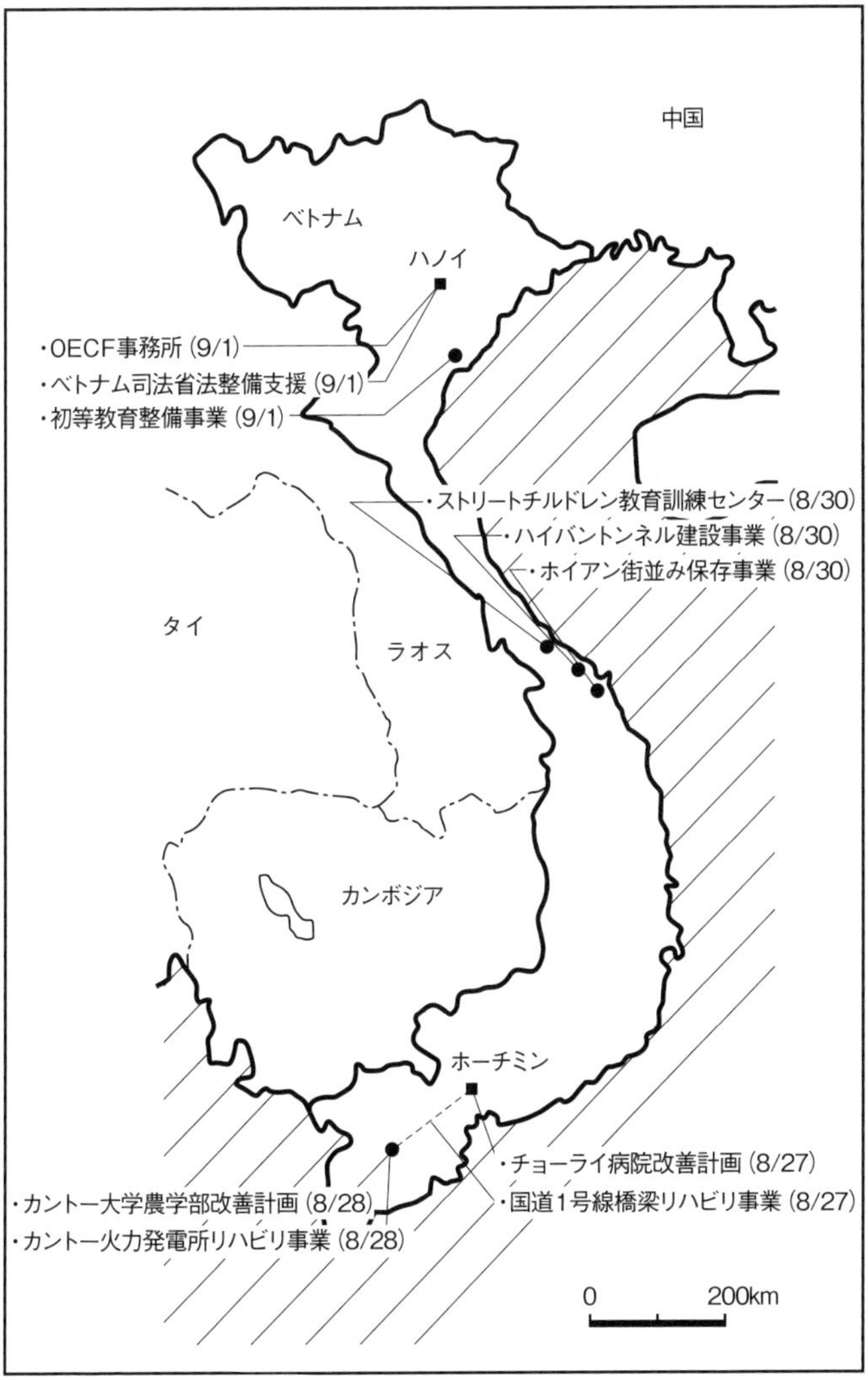

怖いベトナム

学生は行く前は誰も口にしなかったが、ベトナムに行くことが怖かったようである。ベトナム戦争の記憶しかなく、暗い、怖いというイメージで、「地雷を踏むな」「生きて帰って来いよ」と友人に言われ、旅立ってきたと後に聞いた。しかし、現地に着くやそうした気持ちはすぐに吹き飛び、貧しい中の明るい発展のエネルギーと現地の人の笑顔に皆魅了されてしまったようである。帰国後学生たちが取りまとめた研修報告書には、今後何度も訪ねたいとの思いやベトナムの発展を祈る記述が多く見られた。

刺激による学生の変化

先にも触れたが、こうした経験で若者は変わる。ゼミでも常々受身的な姿勢が目立ち、女性に比べて男性の消極性が強かったが、帰国後はこれまでのパターンに反し、報告書作成の編集長に男性が名乗りを上げ、副編集長に男子1人、女子1人が付き、構成、掲載写真などについてさまざまなアイデアを出し、予想を上回る素晴らしい報告書を完成してくれた。お世話になった外務省や関係機関に送付し、橋本総理の東南アジア歴訪に同行されてご一緒した外務次官からも礼状をいただいた。ゼミ生の1人の書いたベトナム訪問記は、前年のタイ訪問記に引き続き、地元の金融系の研究所の発行する月刊の雑誌に掲載していただいた。よくできた文章で先方の担当者からは「先生が見たのでしょう」と言われたが、私はほとんど手を入れていなかった。

現場、現実に触れさせる講義

ゼミ以外でも現場の生の声に触れさせる機会を設けた。自分の実務経験の講義への取り入れと外部講師の招聘である。

大学での私の主な担当講義は前述のように「国際経済政策論」であった。内容としては、国際通貨制度の変遷、途上国への開発支援、国際機関の機能、債務問題、アジア通貨危機などをとりあげた。１９８０年代後半のＩＭＦ勤務の経験は国際通貨制度や国際機関の説明に活かせ、大学赴任直前に担当していた円借款業務は途上国の開発援助そのものである。債務問題は大蔵省国際金融局が長く関わってきた問題であり、アジア通貨危機は当時進行中の問題であるなど、それまでの経験が広く関係していた。

多彩な外部講師による講演

さらに、講義には外部からゲストスピーカーに来ていただき、政策の形成や業務の最前線のお話をしていただいた。足掛け３年間で私の講義に来ていただいたゲストのトピックは、非常に広範なものとなった。こうした講師が来られる際には、講義室を広い部屋に変更し、キャンパス内で広報し受講生以外の学生の受講も受け入れ、できるだけ多くの者に機会を与えるように努めた。また、社会人講師によるオムニバス講義で構成する「現代経済論」にも多彩な顔ぶれの外部講師に来ていただいた（37ページの外部講師による講演一覧参照）。さらに、アジア開発銀行東京事務所長のミン氏には大学生を対象とした講演会（「アジア開発銀行の活動について」（英語））を開催していただく一方、教官を対象とした研究会でも英語で"Currency Crisis in Asia"と題して報告をしていただいた。

事務長による支援

こうした企画について高く評価してくれたのは、経済学部の事務職のトップである事務長であった。事務長は長く大学の事務職を務めておられ、非常に感覚の鋭敏な方であった。赴任早々総務委員長に就いたことは先に記したが、翌年4月の入学式に学部長の挨拶に続き、総務委員長が挨拶をすることになっていた。例年であれば、大学のキャンパス案内など事務的な話をするようであったが、そうした話をするよりも新入生の大学生活により役に立つ話をしたいと思い、学部長に独自の話をしても良いかと了解をとった上で、新入生に対し、諸君は入学したばかりだが、就活が始まるまでにそんなに時間があるわけではない、3年後に面接官の前に立つ、若年層の失業率は全体の失業率の2倍くらいの高い水準にある、勉強に専念できる短い時間に自己の成長に必要な勉学に集中せよといった話をした。事務長はこうした檄のようなスピーチに良い印象を持ってくれたようで、私の活動に陰に陽に気を配り、外部講師に来ていただいた際の昼食などの費用を大学のＯＢ会の大学支援用の予算から支出してくれるように配慮してくれた。事務長は外部講師の招聘について「他にこうしたことをやっている先生はいない」と話しておられた。

こうした企画については、極めて多忙な中、遠方まで来て学生のために講義をしてくださった外部講師の方々には感謝にたえない。事務長のようにそっと支援をしてくださった方々にも感謝している。東京の大企業を退職され、会計を教えておられた実務家出身の同僚の先生は「東京でもなかなか聞けない講師のお話がここで聞けるんですからねー」と痛く感銘を受けておられた。あとは学生がこうした素晴らしい講師陣の話からどれだけ吸収してくれたかである。若者は現場の実体験に根差した話には強く反応する。彼らの学習に活かしてくれたことを願う。

5．外の世界に触れた学生の成長

司法省副大臣に質問

わずか2年間の大学教員生活であったが、学生の成長を感じることがあり、それは教員としては最上の喜びの瞬間であった。先に記したベトナム訪問については、ゼミ生が決まったもののまだ2年生で正式にはゼミが始まってない2月に全員に招集をかけ、大量の資料と課題を与え、ベトナム研究を指示し、半年かけてベトナムについて学ばせた。それが良い準備になったのであろうか、ゼミ生の姿勢は非常に積極的なものであった。渡航準備をする過程で、2名の女子学生が、最も廉価なディスカウント・チケットを探し出す役を自発的に引き受けてくれた。この海外研修はゼミ独自の企画で大学からの支援はなく、渡航費用などは全て自分で用意しなくてはならないため、安いチケットを探すことは重要なことであった。

現地でもこんなに生き生きとした学生の姿は見たことがないほど皆元気であった。日本が法整備支援という新たな分野に取り組んでいたベトナム司法省では副大臣に直接質問する機会に恵まれた。司法省副大臣というのは相当に偉い役職なのか、同行していたベトナム人通訳の方を見ると、座った足が小刻みに震えていた。緊張感の漂う中、副大臣からの説明が終わり、質問を促されたので、このプロジェクトの調査を担当していた女子学生に質問がないか聞いてみた。女子学生は驚きつつも的確な質問を提起しかみ合った議論ができた。後で「先生は突然質問を振るんですもの」と恨まれたが、忘れがたい経験となったのではないかと思う（彼女は卒業後、地元の「大企業」である県庁に就職した）。

成長する学生

こうした経験を経て、学生たちは少しずつ成長したと感じた。私のいた経済学部は当時イギリスのシェフィールド・ハラム大学及びタイのチェンマイ大学（1999年度から）との間で交換留学制度を持っていたが、98年末に行われた学内選考試験の結果、両国へ派遣される交換留学生3名の中に私のゼミから2名の女子学生を選んでいただいた。学部長のK先生からは「いやあ、荒巻先生、よく教育されていますね。恐れ入りました」と言われた。また、ベトナム研修報告書の編集長を務めてくれた男子学生（98年に大きな地方大会で優勝を果たした準硬式野球部主将）は、なかなか競争率の高い試験（9倍だったと聞く）を通過し、99年末から海外青年協力隊の一員として2年間ハンガリーに野球の指導に行くこととなった。彼は帰国後、スポーツ理学の道を目指すことになる。そのほかのゼミ生の中にも「この1年でやりたいことを見つけた」と言ってきた学生もいた。刺激を与え、時に助言をしていくことで、学生は伸びていくのである。

離任時のゼミ生の寄せ書きに、「最高の先生とメンバーに会えました」と書いてくれた女子学生もおり、外交辞令が入っていると思いつつも、教員のおもしろさ、やりがいを感じた瞬間であった。

6. 大学教員生活の出発点で生まれた大きな問いと教育への関心

始めて教壇に立ち、講義中の私語にショックを受け（これは25年以上前のことであり、現在はそうしたことはないと思われる）、我々文系の大学教員は社会に役に立つことをしているのかというその後四半世紀にわたって解を探し続けることとなる問いを突き付けられたが、その一方で、現場、現実に触れさせる授業を通じ学生の成長を感じ、教員という仕事に大きな関心を抱くきっかけとなったこの2年間は私の大学教員生活の出発点となった。

〈外部講師による講演一覧〉

●「国際経済政策論」

「我が国の経済協力の現状と今後の課題」（外務省経済協力局有償資金課長佐渡島志郎氏）
「外交の現場から」（外務省経済局国際機関第一課長梅本和義氏）
「中南米情勢」（外務省中南米局中南米第一課長水上正史氏）
「アジア通貨危機に対するＯＥＣＦの対応」（海外経済協力基金（ＯＥＣＦ）業務第一部長河野善彦氏）
「日本の経済協力の現状と課題─円借款の話を中心として」（海外経済極力基金業務第３課長飯島聡氏）
「国際協力の実務について」（国際協力事業団（ＪＩＣＡ）広報課長末森満氏）
「世界銀行」（世界銀行東京事務所長宮村智氏）
「ＷＴＯ」（大蔵省関税局監視課長御厨邦雄氏）ほか

●「現代経済論」

「世界経済の変化と国際協調体制」（元大蔵省財務官中平幸典氏）
「高齢化社会と日本の社会保障」（厚生省健康政策局総務課長阿曽沼慎司氏）
「90分（×２）でわかる財政」（大蔵省主計局主計官松元崇氏）
「金融改革はどこまで進んだか─わが国金融システムの史的転回過程─」（日本銀行支店長田辺昌徳氏）
「ＮＥＣのグローバルネッティングの実際」（ＮＥＣ財務部長大田研一氏）ほか

コラム　初の著書と出版社の嘆き

アジア通貨危機の勃発

先に書いたが私の大学への発令日は香港返還日、赴任日はアジア通貨危機勃発の日であった。タイに始まった通貨暴落の波が東南アジアに広がり、そこから東アジアに波及するにつれ、ＩＭＦや欧米の研究者、政策担当者からは危機の背景にはアジアの金融セクターの脆弱性や不透明な官民関係があるとの批判が沸き上がった。危機勃発直前までアジアは世界の成長センターであり、21世紀はアジアの世紀であるとの見方が支配的であったが、こうした評価が何故手の平を返したように変わるのか強い疑問を持った。調べれば調べるほど、これは金融現象、本質的には金融市場におけるパニックではないかという考えが強くなった。ＩＭＦが推進した構造改革を広範にカバーする処方箋にも疑問を覚えた。

「本にできるんじゃないの」

97年中からアジア通貨危機の分析を開始し、地元の経済人の集まりでの講演、経済学部の学内研究会での報告を経て、98年にはＩＭＦアジア太平洋地域事務所長ほかの実務家、研究者を招きアジア通貨危機をテーマとするシンポジウムを開催し、そこでも報告を行った。このシンポジウムの報告書が、ゼミ生のテープ起こしをもとに、きれいなレポートとしてまとまる頃である。東京に戻っていた前任の式部氏が別件で私の研究室を訪れ、その原稿の束を見て、「これ本にできるんじゃないの」と一言つぶやいた。半信半疑であったが、旧知の東大の先生に話をしたところ、よく知る出版社（日本経済評論社）に一緒に行こうと言ってくれた。上京の折に2人で出版社を訪ねると担当の編集者が私の渡した要約を気に入ってくれ、出版に向け作業を進めることになった。当初は他の報告者の報告を含めた共著の可能性もあったが、編集者から単著で考えてはどうかとの示唆を受けた。単著にするとなると大分書き足す必要があり、東京に帰任する年は明け方近くまで研究室で原稿作成に追われる日が続き、99年の夏になると次第に形が整ってきた。

著書への好意的な反応と出版社の嘆き

1999年10月に私の初めての著書『アジア通貨危機とIMF グローバリゼーションの光と影』（日本経済評論社）が出版された。アジア通貨危機の原因は国際的資本フローの不安定性にあると結論づけ、危機国に構造改革を要求するIMF等の考えは、火事場で火を消さず、火元に出火原因の是正を求めるようなものだとした本書は、少なくとも当時は少数説であったと思うが、かなりの著書で引用していただくという有難い扱いを受けた。その後増刷も行われ、出版を決めてくれた日本経済評論社の編集者からは「この本は二重丸でした」との話があり、迷惑をかけずに済んだとホッとしたことを記憶している。後に東大に移った際、その出版社の社長から「在庫がなくなってきたが、何冊くらい刷れば良いでしょうね」と聞かれ、その意図を解せず、「それは会社が良いと思われる数で」と答えたが、後で「会社の方で決めろと言うんだよねー」と嘆かれてしまった。出版不況の中、教科書として使ってもらえればという期待があったのであろうか。確かに赴任後初めての講義で新入生らしき受講生から拙著を見せられ「ここにサインしてください」と言われたことがあったので、学生サイドももしかしたら著書の内容で講義を構成することは歓迎したのかもしれない。ただ、最近では教科書指定をしても学生は本を買わなくなっていると聞き、学術出版社は本当に大変なのだと思う。

第2章　広く読み、多く執筆することがもたらす充実
――社会人対象の文系大学院コース

1．嵐のような学期
―埼玉大学大学院経済科学研究科東京ステーションカレッジ

ステーションカレッジ

1999年夏に、2年間の地方大学経済学部教授生活を終え、東京に帰任した。配属先は経済企画庁調整局財政金融課の課長であった。財政金融課は政府が予算編成時に策定する経済見通しを所管しており、年末や見通しの改定時などに業務が集中する比較的季節性のある部署であった。帰任の翌年の2000年の4月に埼玉大学大学院経済科学研究科が東京駅八重洲口のすぐそばにサテライトキャンパスを設置し、社会人大学院生の教育を開始した。院生は1学年7～8名ずつからなる四つのプログラムのいずれかに参加するとされたが、その四つのプログラムの中の「国際ビジネスと金融」については、地方大学で前任であった式部氏が学部長時代の交流からであろうか、講師陣の編成に助言をしており、自身も含め何人もの中央官庁の職員が客員教授として「現代金融システム論」「アジア金融経済論」などの講義を担当していた。私にも「アジア金融経済論」のゲストレクチャラーとして講義依頼があり、2コマ連続で2週間計4コマを受け持ち、アジア通貨危機とその後の対応策についてとりあげることとなった。

このコースの目指すものは何か―ゼミ授業の基本形の形成

ゲストレクチャラーとしてこのコースの授業構成を検討するに当たっては、まずこのコースが何を訓練する場であるかを考えた。講師陣を集めた２０００年3月の説明会での説明では、このコースは、企業経営や事業運営に携わる人をターゲットに、職業生活に有用な広い視野の獲得と関連分野の理論的基礎・歴史的背景の理解を目指すもので、ビジネススクール型のコースとしたいとしていた。職業生活に役立つものを与えたいということであると理解した。しかし、受講生の職業は非常に広範であり、経済学部出身かどうかなどバックグラウンドも異なる。ある程度一般性、汎用性のある力の育成でないと意味がない。そうした受講生に役立つ講義内容はどのようなものか考えた結果、経済分野の特定の問題をとりあげ、その問題にアプローチするうえで必要となる概念理解や理論的基礎を与え、それらに基づいた分析・思考訓練を行い、さらにそれを表現・議論できる力を訓練するといった「基礎知識付与、思考・表現訓練型」の授業を目指すこととした。これは、後に私がさまざまなところで行うこととなる大学のゼミや外部のセミナーあるいは少人数授業の原型となっていった。

授業の構成

具体的な授業内容については、第1章のコラムで触れたように、１９９９年10月に初めての著書『アジア通貨危機とＩＭＦ』を出版したばかりであったことから、これを素材としてとりあげることとした。担当する4コマを、前半の2コマと後半の2コマに分け、前半の2コマには、アジア通貨危機に関する基礎知識と関連の理論を講義で説明したうえで、問いを提示し、ディスカッションを行うこととした。ディスカッションテーマは、①アジア通貨危機の原因について相対立する二つの見方があったことを紹介したうえで危機の原因を考えるものと、②危機への国際的対応を主導したＩＭＦの基本的考え方、及び個別国への処方箋と呼ばれた、危機国が採用を求められた政策プログラムの内容を説明したうえで、それが危機の深刻化を防止できなかった理由を問うものの二つとした。

後半の2コマは、アジア通貨危機が提起した課題を提示し、受講生にレポートの提出と報告を求めた。レポート課題として提示したものは、①ＩＭＦ改革の必要性、②アジア通貨基金構想の意義、③円の国際化、④資本取引の自由化のあり方、⑤途上国の為替相場制度のあり方、⑥アジア経済の現状と今後の展望といったものとし、各テーマに1～8本の日英文の参考文献を付した。

膨大な文献を講読した嵐のような学期

受講生は、金融機関、経済誌出版社、メーカー、外国車の輸入代理店などに勤める社会人であり、自由になる時間は週末くらいしかなかったと思われる。そうした受講生にかなりの量のリーディングとレポート作成を課題として課したわけであり、彼らにとっては、非常に負担の多いクラスであったかもしれない。それでも、東京駅に大学ができる（埼玉大のパンフレットには「こんなところに、大学はなかった」と書かれていた）ということで勉強をしたいという積年の気持ちが顕在化したとみられる受講生がほとんどで強い意気込みを持った方が多く、課題の多さに対する苦言はなかった。社会人だけあって発言は比較的多く、触発される意見もあった。例えば、私の著書では、アジア通貨危機を金融パニックによる通貨危機と整理したが、金融機関から参加していた受講生は、「通貨危機という呼び方に違和感がある。我々金融機関にとっては資金回収危機だ」とした。これは極めて本質を突いた言葉である。通貨危機（為替レートの崩壊）の背後には資本流出があるわけだが、その実態は個々の資金提供者による資金引揚げであり、その動因は回収できないのではないかという恐れだったということである。マクロで生じる現象についてミクロの動きにまで下りていって理解することの重要性を指摘された気持ちであった。

ただ、後でわかったことだが、私が講義を行ったクラスにいた女性は、授業で課される作業量の多さに驚き、必死でこなした「嵐のような学期であった」と述懐していた。ところが２学期以降はまったくそうしたことがなかったようで、「あれは何だったんだろう」と思ったとも述べていた。私を含め中央官庁からの実務家講師が多かったそのコースのいくつかの授業が相当に異色であったのかもしれない。学期終了後に埼玉大学の先生方が懇親会に呼んでくれたが、先生の1人は「式部さんといい荒巻さんといい、役所からきていただいた講師の方々が教育熱心なのには驚きます」と言っていただき、その時は額面通り受けていたのだが、大学の先生方にとっては違和感があったのだろうか。

2．読んで読んで、書いて書いての特訓授業 ―京都大学大学院法学研究科専修コース

ウィークデイに京都で教える

埼玉大での講義の話が進んでいた2000年の春の頃であったか、出向先の経済企画庁の幹部に呼ばれ、現職の業務に従事しつつ、京都大学大学院で客員教授として教える者を大蔵省から派遣することになっているが、受けるかどうかとの打診を受けた。地方の大学から戻って1年ほどで再度教える機会が訪れた。大学で教える楽しさを味わったばかりであり、喜んでと言いたいところだが、現職の業務との両立がどうすれば可能か考えなくてはならないということを伝え、知り合いの大学の先生に相談することにした。ところが、その幹部は仕事が速い方で、その間すぐに私の直属上司に話をし、講義は2週間に1度の2コマ連続とし、兼担業務として隔週の金曜

日に京都に通うという形で了解を取ってくれた。大学教員への復帰である。

客員教授は名前は立派だが、教授会のメンバー（大学の正規の構成員）ではなく、実質的には非常勤講師と似た存在である。大蔵省からは、何年か前に、大学からの依頼を受け、数年後輩の者が2年間そこで教えていた。京都大学はポストを特定の役所からの出向者向けのものとして固定させることは避け、いくつかの役所でローテーションさせていた。再び大蔵省の番となり2度目の要請を受けた大蔵省は、初代の出向者が「教授会への出席の権利も義務もない」という客員教授の立場であったことから、フルタイムでの出向ではなく、兼担での業務遂行を選択したものと思われる。所属は実務との交流を進めるために設置されていた法学研究科の法政実務交流センターで、担当授業は修士課程専修コースの「公共政策」であった。

このコースは何を訓練する場か

京大で教えることになってまず考えたことは、埼玉大で教えたときと同様に、このコースは何を訓練する場かということであった。コース設置の趣旨から研究者養成ではないので、受講生はコース終了後は社会に戻っていくわけだが、このコースに来る前と終えた後でこの点が違う、社会人としての力（価値）がこの点で高まった（あるいは高めることを目的としている）と言えると良いのだが、そこは明確に伝えられたわけではなかった。私の担当授業は「公共政策」という広い題目で、その中で実務家である自分に期待されているものも自分で考えなくてはならなかった。学期は10月からであったが、6月に履修を予定している学生に連絡したうえで京大に赴き事前ガイダンスを行った。半分程度の学生しか出席せず、同僚となる京大の先生からは「もうガイダンスをされるのですか」と驚かれた。ガイダンス後、受講予定者にアンケートを行い、このコースに入った目的、私の講義に期待するものを聞いてみた。コース履修の目的は専門知識習得が最も多く、国際機関への就職を目指すためという回答も複数ある一方、視野を広げるというかなり一般的な答えもあった。ただ研究者を目指すものはごく少数であり、このコースの特性は伺われた。講義に期待していることとしては、現実の問題、実務家としての視点、政策形成の実際についての理解を挙げる者が目立った。そもそも訓練すべき力には、特定の分野の知識、自分で問いを設定し、読んで調べ、書く力、またそれを説得的に発表し、議論する力等さまざまなものがある。こうしたアンケートの結果や自分の強みを踏まえ、この授業は、自分がこれまで関わってきた政策分野のいくつかのテーマについて、実務的な知識を提供するとともに、そのテーマに関する文献を広範に読ませ、それをもとに現実的なテーマに関する課題を課し報告させ、書く力、プレゼンテーションし議論する力の訓練を重視して構成することとした。

テーマとして選んだものは、次の通りであり、それぞれについて、報告課題と関連文献のリスト化を進めた。

(1)アジア通貨危機と世界の課題
(2)国際通貨制度とＩＭＦ改革
(3)南北問題と我が国の開発援助
(4)日本経済の現状と課題

(1)は著書のテーマで、(2)については80年代のＩＭＦ勤務経験があり、(3)には大蔵省開発金融課長としての円借款業務の担当経験が、また、(4)には経済企画庁財政金融課長として政府の経済見通しを策定した経験が活かせると考えられた。講義タイトルは経済グローバル化の大きな潮流の中で政策形成が行われている実情を踏まえ、「公共政策―経済の国際化とわが国経済政策上の主要課題」とした。

受講生に課す報告課題については、例えば、「(1)アジア通貨危機と世界の課題」のテーマであれば、危機の原因ととるべき対応策についてのＩＭＦ、米国、日本及び主要な経済学者の考えの比較検討、あるいは危機の背景にあると考えられた途上国の資本取引自由化や為替相場制度のあり方といったトピックをとりあげ、受講生が分担して報告するという形とした。

多様かつ個性のある受講生

受講生のバックグラウンドはさまざまであった。学部から上がってきた学生、他大学の学部や海外の大学からの入学生、国の省庁や地方自治体（総務省、奈良県など）からの派遣生、金融機関や企業からの派遣生などであった。事後アンケートに配布資料が多すぎるという苦情を寄せたり、英語の学び方について「失敗をするたびに少し覚える」と話すと「もっと頭の良いやり方があるのではないか」とコメントしたりするなど、かなり個性の強い受講生もいたが、全体としては学習意欲が高い者が多かった。

「読んで読んで、書いて書いて」の特訓

コンセプトがまとまったので、早速講義要綱を作成した。6月のガイダンス段階で1ページ程度の概要説明は行っていたが、上述の各講義テーマごとに、その狙いと参考文献をリストアップした5ページほどの「各講義テーマの狙いと参考文献（暫定版）」を、既に構築しておいたメールでの連絡ネットワークを用い、学期の始まる1カ月近く前の9月初めに送付した。授業は基本的に隔週金曜日午前中に2コマ連続という形であった。受講生は学期により若干変動があったが、平均10名弱といった小規模授業であった。参考文献は入手が難しいものはコピーを人数分配布したが、1テーマ（複数のサブテーマに分かれることがある）当たり20本を超える参考文献を指定することもあり、事前に郵送して事務の方にコピーを作成していただくこともあった。後に述べるように急な休講が生ずることもあり、事務の方には本当にお世話になった。

授業が回りだすと、次の回にとり上げるテーマに関する課題を２週間前に割り振ることが可能となり、当日は新しいテーマについての講義による説明と、あらかじめ割り振っておいた課題レポートの報告と討議という組み合わせで２コマを使うという形に収斂していった。受講生にとっては、毎回割り当てられた文献の講読とレポートの作成に、「読んで読んで、書いて書いて」という生活を強いられたと思われる。

双方向授業に驚く学生たち

授業展開で最も気を付けたことは、双方向性の維持であった。そのために、クラスで質問を促すのみならず、メールで質問をすることも奨励した。多くの学生が質問を寄せてきた。説明がＡ４で数ページに及ぶこともあったが、そのような丁寧な説明には学生は驚いていたようであった。また提出された課題レポートにはできるだけメールでコメントをフィードバックするようにした。統一テーマで全員にレポートを出させた際には、論点ごとに各受講生の意見を比較対照できるように表にまとめて配布し討議に還元した。

こうした進め方については、「厳しい」という感想もあったようだ（数十ページの英文文献に基づくレポートを求めたところドロップアウトしてしまった学生もいた）が、「講義ではどうしても受動的になりがちであるが、報告を担当すると担当箇所については積極的に取り組めた」とアウトプット型授業運営を歓迎するコメントもあった。

突然の休講

東京から京都への2年間の通いでの教員生活で一番困ったのが、業務との両立であった。京大通いを始めて2年目の10月、異例の人事異動となった。1999年夏から務めていた経済企画庁財政金融課長の職は、2001年の行政機構改革でなくなり、同年1月からは内閣府参事官（予算編成の基本方針担当）となっていたが、その職からも夏に異動となり、国際協力銀行開発金融研究所の上席主任研究員として研究に従事していた。ところが、関東財務局の金融安定監理官をしていた同期生が勤務中に倒れ亡くなるという予想外の事態で、その後任として急遽埼玉にある関東財務局に異動することとなった。当時は翌2002年4月からのいわゆる預金のペイオフ解禁（銀行のような預金取扱い金融機関が破綻した際に1人1行1000万円までは預金保険で守り、それを超える預金には損失が生じうるという扱いの開始〈それまでは全額保護〉）を目前に控え、各金融機関が財務基盤の充実を図っており、逆に財務の健全性が確保できない少なからざる金融機関が破綻をしていった時期であった。このため毎週のように破綻金融機関が発生し、その説明のための記者会見を行わなくてはならない職務であった。その結果、授業日の金曜日の前日になって授業に行けなくなることが生じた。業務の都合でやむなく休講することは内閣府時代からあったが、それを埋め合わせるために土日の2日間を使って4コマ授業を計画したが、直前の金曜日の深夜に休日勤務が決まってしまい行けなくなったことがあった。奈良県から参加していた受講生はそのために京都のホテルにチェックインし待ってくれていたとのことで、本当に申し訳ないことになった。連絡が金曜日の深夜になってしまったことで、大学の事務の方にも急な休講の知らせで大学に朝走っていただき、ご迷惑をおかけした。後にまた補講を実施したが、ホテルに無駄に泊まることになってしまった受講生は欠席であった。また、別の受講生も休講のために報告日が3回も変わって、そのたびに予習を強いられたと述べていた。それでも最後まで付き合ってもらったのはありがたいことであった。

受講生に助けられる

受講生は優秀な者が多く、時に助けられた。黒板に数式を書いて内容を説明をしていて、等号の左右が不整合となることがあったが、どこで間違えているのか考えていると、「先生、そこの符号が逆ではないですか」と受講生が助け舟を出してくれた。一緒になって考えてくれる学生はありがたいものである。ただ、その同じ学生が最後の方でふと「毎回レポート作成というのはなかなか（大変であった）」と漏らしていたが、毎回の課題提出は彼らのように優秀であっても大変だったようである。

米国から来た学生（日本人であったが）は期末レポートに数理モデルを作って議論を行ってきた。ただし、その論理の進め方に疑問があり、そうした評価を行ったが、当該学生は評価を見て間違いではないかとコンタクトを取ってきた。説明をしたが、不満は解消されなかったようで、受講は1学期だけで終わってしまった。後に駒場で教えて自らも経験し、また米国で教えた経験のある同僚からも聞いたが、欧米の学生の成績評価に対する強い気持ちというか執着は、日本では経験しないものである。成績評価が実益実害につながるということなのであろう。不合格で単位を落とすかどうかは重要だが、合格すればその評価の高低にそこまでのこだわりのない日本の学生との違いを痛感させられた。日本では成績評価が実益実害に結びつく程度が弱いのであろう。これは決して良いことではない。先に第1章で書いたように、大学での学習が実質的に社会で評価されていないことの裏返しともとれ、大学の存在意義にも関わる問題である。

東京で同窓会

2年間の講義を終えた後であったか、東京にいる1年目の受講生たちが同窓会を開き呼んでくれた。よく知る京大の先生から「厳しい授業だと聞いている」という話を聞いており、受講生が集まってくれるとは思わず、うれしい思いであった。今も年賀状をもらう政府派遣の受講生は「（いろいろと模索を続ける中で）先生と出会いました」と書いてくれた。また、日本経済について著書を上梓した後には「日本の長期低迷について読んだ中で最も説得的なものだと思いました」と評してくれた。受講生との双方向のやり取りがかみ合ったことを感じさせられる出来事であった。

3. 埼玉大、京都大で得たもの

埼玉大と京都大で実務家向け大学院コースで教えたことにより、読んで書いて討議をするという私のゼミや少人数講義の原型ともいえる形を得た感覚はあった。小説家の田辺聖子氏は「読まないで書こうとすることは理解できない」と書いておられたが、書くにはまず読むことが不可欠である。また書いて自分の考えを外に出すことで、距離を置いて見ることができる（私はこれを「外部化」と呼んでいる）。この効用は大きい。これをすることで、論理の一貫性のなさ、根拠の不十分性など自分の考えのアラが見えるようになる。さらに討議をすることで他者の目にさらし、自分だけでは気が付かなかった論点や自分の考えの弱点に気が付かされることが多い。こうしたことで鍛えられるのは、自分の頭で考える力であると思われるが、これが学部、大学院を問わず、文系で育てるべき力なのだろうか。ヒントを得た気持ちもあるが、十分に納得のいく答え見出したとは言えないまま、京大での教員生活は幕を閉じた。

コラム　京都のユニークさ

「双方向授業をできる先生は京大にいるのですか」

2年の任期が終了した時点で、次に就任する総務省（旧自治省）の方の歓迎と私の送別を兼ねて法学研究科の研究科長が食事会を催してくれた。そこで挨拶を求められたので、言わなくても良いのに「この専修コースがどのような力を育成することを目指しているのか分からなかったので、勝手に討議力・発信力を強化するという目標を設定し授業を行ってきた」と挨拶したところ、後に挨拶に立った若手の先生から「大分厳しいご指摘をいただいた」との反応をいただいた。その後場所を移して先生方と話を続けたが、研究科がちょうどその日に、双方向授業を取り入れ法曹人養成を行う法科大学院を設置するとの方針（実際の設置は2004年）について学生相手に説明したところ、学生が手を挙げ「双方向授業をするというお話だが、京大に双方向授業のできる先生はいるのか」という質問をしたそうである。東大でも感じたが、時に自身の感覚をそのままストレートに発言をする学生がいて、議論の活性化に寄与する一方、関係者はなかなか複雑な思いをすることになる。

京都通いの楽しさ

大学に出る日は当日朝早起きして出かけた。具体的には、朝4時に起床し、6時の新幹線「のぞみ」の一番列車に乗ると、8時過ぎに京都駅に着き、そこから地下鉄、バスと乗り継ぐと教室に9時前に着ける。そこから2コマ連続で授業を行った。毎回、バスが桂川を渡る頃に、また何とか京都まで来られたと感じ、授業への気持ちが高まっていったことを思い出す。

終えるとかなりの疲れが感じられ、その日は京都に泊まり、翌日帰京することが多かった。前日木曜日に前泊すればよいのかもしれないが、仕事がいつ終わるか不確実であるため、後泊とした。翌日は必ず一つ寺社を訪ねた。高雄はすこし離れているが、高山寺は好きで、何度か訪ねた。京都は行くべきところが数多くあり、また山椒の実や和菓子など味わい深い土地のものも多い。京大で教えた2年間は熱心な受講生への授業と京都という町の両方を味わう実にぜいたくな時間であった。

第3章　「鬼」から「大鬼」への格下げとハートに火のついた学生たち

1．東京大学教養学部への赴任

２００２年の夏までで、日々異例の緊張感の下に過ごした関東財務局での9カ月あまりの勤務を終え、再び国際協力銀行の開発援助研究所に主任研究員として戻り研究を続けていた私は、その後、東大教養学部の国際経済学の担当教授に転身することとなった。行政の仕事に全く未練がなかったわけではないが、大学で教えることの楽しさを感じており、大学に転じることに逡巡する気持ちはなく、２００４年7月1日、東京大学大学院総合文化研究科及び教養学部の教授に就任した。

2．「鬼」から「大鬼」に格下げ

担当授業の準備

私の担当授業は、教養学部前期課程生（1・2年次）を対象とする「基礎演習」「経済Ⅰ（またはⅡ）」（マクロ概論）、教養学部後期課程生（3・4年次）を対象とする「国際経済学」「国際経済政策演習」等と大学院の「国際経済協力論」であった。

まず、課題となったのは、1～2年生向けのマクロ概論である。正式の名称は前記のように

「経済Ⅰ（またはⅡ）」というものでマクロ概論ではなく、よく知る先生からはアジア通貨危機の著書の内容を教えたらよいではないかと言ってもらったが、今後大学で教えていくのであればまずはオーソドックスなことを教えることが大事であろうと考えた。問題はマクロ概論を体系的に教えるのは初めてであることである。大蔵省に入省して間もない１９７８～８０年にオックスフォード大学大学院で経済学を広く学んだが、改めて学び直すこととした。これは新任の大学教員に一般的なことのようである。特定のリサーチテーマについて重要な研究成果を挙げている方であったとしてもある科目について体系的に教えるということは、ドクター生の時代などにティーチングの経験をする機会があった人以外は、初めての経験であることが多いのは当然である。教えることを通じて学ぶことは多くの大学教員のたどる道ではないかと思われる（世界的に著名な経済学者であるＭＩＴのアセモグル教授も新任の頃に教えることを通じて学んだというまったく同様の経験を記している）。

授業内容充実と「大鬼」への格下げ

さてそうした考えで準備を始めた。体系だって包括的に教えることを念頭に、おそらく通算すると何十冊かの教科書と関連の著書・論文に目を通し、初年度から完成形とはならなかったが、毎年充実に努めていった。概念、理論に加え、時事トピックを盛り込み、年々前年よりも豊富な内容を備えていった。ところが充実とともに学生には不評となっていった。学生は独自に授業評価を行っており、授業を「大仏」「仏」「鬼」「大鬼」の4段階に分類している。この授業評価は生協で販売しており、専攻事務室にも1部置いてあったが、私は読んだことがない。人づてに私の講義は「鬼」と分類されていると長く聞いていたが、その後「大鬼」に格下げされたと聞かされた。付されている個別コメントに「とにかくとらないことをお勧めする」と書かれていると教えてくれる人もいた。

「荒巻ロックフェスティバル」

駒場の前期課程生は当初の1年半の成績でその後の進学先の学科どころか学部までが左右される進学振り分けという制度の下、成績には極めてセンシティブである。単位取得だけでなく、成績評価の難易度は重大な関心事で、「鬼」や「大鬼」は要注意講義であることを示している。

後年、定年を迎える直前に東京大学新聞のインタビューを受けた。その際にインタビュアーであった学生から、私の授業は内容も難しく学生への要求も厳しいため「荒巻ロックフェスティバル」と学生の間では半ば伝説となっているという話を初めて聞いた。その由来は、毎年東北で行われるARABAKI Rock Festivalという音楽祭の名前からとったのだろうということ以外はインタビュアーも分からないが、（熱のある講義を）学生はそのリズムに合わせて頭を上下させて聞いているが、実際は誰も分かっていないということではないかといったことを述べていた。この期に及んであまり意味がないかもしれないが、そのように受け止められているのであれば、どのような気持ちで授業を行っていたかを説明しておくことが良いと考え、自分が学生と接触できる時間は限られたものであり、その中で自分が与えられる最大限のものを与えたいと考えたこと、特に実務から大学に移った教員としての経験から現実の経済を分析する視点を養うことが学生が社会に出た時に間違いなく役に立つと思うこと、そのため、毎回その前の週に起きた経済事象について背景やデータを調べ授業で提示し、学生に事実をベースに考えることを求めてきたことを話した。その話を聞いたインタビュアーは外交辞令かもしれないが、「お話を聞いて感動した」と言ってくれた。記事は事前に目を通させてくれ、話したところが正確に紹介されていたが、発行された記事を見ると、一番目につくタイトル（これは原稿には入ってなかった）に「難講義は熱意の裏返し」と打たれていた。それが正直な受け止めなのだろう。

期末試験に頭を抱える学生

なぜそうした評価になるのか気になり、１学期間の講義の配布資料を親しくしている経済学研究科のドクター生に見てもらった。その結果の彼のコメントは「経済の勉強を一通り終えた経済学部生が見直しをするのに有益な内容である」とのことであった（確かに悪評の中には経済学をやっていくのであれば受けるべき講義といった評価もあったようである）。参考文献も一つか二つに絞らないとそれだけで難しい授業という印象となる。それを経済とは何か、経済学とは何か全く知らない1年生に教えるのは無理ではないかということのようであった。最近書類を整理していて当時の期末試験問題が出てきたが、Ａ３の用紙の表裏にびっしりと何十問もの問題が並んでいる。選択問題もかなりあるが、問いの中には正答が選択肢の中にないものもある旨が記されており、「正答なし」の選択肢も用意されていた（これはかつての司法試験短答式で用いられた出題方式である）。私の期末試験の監督を手伝ってくれた同僚の先生が「難しい問題を出して、学生は頭抱えていましたよ」と言っていた。ただ、それでも満点を取る学生がおり、伝わった学生がいたということで、採点をしていてうれしくなることもあった。

徹夜での採点

ただ、私の担当授業は文系、特に経済学部に進む者の多い文科Ⅱ類の学生にとってはほぼ必修的な授業とのことで、毎年大量の学生が受講してくる。話がすこしそれるが、赴任早々担当した際には４５０名ほどの受講生がいた。採点を成績の登録期限直前まで放ってしまい、締切前日の深夜に採点を終えたが、それを登録しようとして、解答用紙が学籍番号順になっていないことに気が付いた。試験終了後の回収に当たった先生方が着席順（列ごとに、前から後ろへ降順となっている）を意識して回収していない場合にはこうしたこととなる。ここからが大変であった。４００枚以上ある答案を、まず１００番台、２００番台などと百の位で分類し、さらにそれを十の位で分類しようと考えたが、６００番台まであり、学年も複数年次にわたるので、それでは60を超える山ができかねず、研究室には置ききれない。やむなく、研究室の外の廊下に並べていった。20メートルくらいある廊下の半分近くを埋めたであろうか。並べ終えた60ほどの山を一の位の番号順で並べ替え、全ての答案用紙が番号順となった時は既に夜が明けていた。

講義最終日での拍手

このように大量の学生がとらざるを得ない授業でありながら、大多数の学生にとってはできれば忌避したい授業であるというのは心外であるので、定年を迎える最終年には抜本的に見直し、内容を大幅に省き、説明を分かりやすくした。そうしたところ、後は期末試験を残すのみという学期中の最後の講義を終えると、思いもかけず、学生が拍手をしてくれた。あの拍手は何だったのだろうと今も考える。定年を知っていてその慰労の拍手だったのだろうか。そうした話をした覚えはないし、拍手は結構広い範囲から起こったので一部の物知りが行ったものでもないように思える。では前年に比べかなり内容が削減され思いのほか分かりやすかったことを評価したのだろうか。あるいは学生が社会に出た時に必要となる経済事象を評価する力を養おうと毎回時事問題をとり上げ、事前に用意した統計データで解説することに努めていたことを評価してくれたのだろうか。理由は分からない。ただ、温かな気持ちになって学生に向かって、「ありがとう」と述べた記憶がある。

3.「なぜこのクラスだけこんなにきついのか」—支持率は5%

大学での学びを教える基礎演習

東大に移った翌年の4月からは1年生を対象とする基礎演習を担当した。20名ほどの文系学生のクラスで大学での学び方を教えることが主目的である。

多くの人が経験することであるが、大学ではそれまで受けてきた教育とかなり異なる教育が行われている。理系では事情が違うと思うが、文系の場合多くの学部でかなり選択の幅の広い授業が開講され、授業相互間の関係は必ずしも明瞭でなく、積み上げの要素が少ない。さらに試験も論述式が多く、教えられたことの再生産を訓練されてきた高校までの学習に慣れていると戸惑う。確立された知識を吸収するそれまでの勉強から、分かっていないことに対する解を探していくことが大学での勉強だと言われても、どうすればよいのか新入生は困ってしまう。そこで大学での学習についてガイダンスを与えることが基礎演習の趣旨である。

論理的に書く力

基礎演習の進め方については東大に在籍した10数年の間試行錯誤を重ねたが、当初から一貫していたことは論理的に考える訓練を行うことである。私たちの世代が学校で作文を書くというと、人を感動させる文章、美しい文章を念頭に置いた指導が行われ、論理的な文章を書く訓練は受けた覚えがない。しかし、社会人として重要な論理的思考力は、論理的文章を書く能力とかなり重なっている。

三島由紀夫を驚かせた役人の文章

個人的には論理的文章を書く訓練は大蔵省とオックスフォードでしてもらったと考えている。私は１９７６年に大蔵省に入省したが、当時は仕事は文章で進められた。ある政策テーマが生じると、担当者（主に課長補佐レベル）が問題の所在から始め、その背景・原因、解決策の選択肢の比較検討、結論などを紙にまとめたペーパーを作成し、それを課内で検討するところから作業がスタートする。この課内検討あるいは課の外（他の関係課であったり、局の幹部であったりするが）との間での検討のプロセスでさまざまな指摘が行われ、ペーパーに示される現状の問題点やその原因に対する認識、解決策の妥当性が試される。論理性を欠くペーパーはいっぺんではねられてしまい、書き直しを求められる。政策検討にはそうした厳しさがあり、上司に説明するときは時に舌がしびれるような緊張感を味わった。終戦直後の話になるが平岡公威(三島由紀夫)氏が大蔵省銀行局国民貯蓄課に配属になり、翌年に退職するまでわずか9カ月余りの勤務であったが、起案した大臣挨拶原稿を上司に完膚なきまでに直され、「役人の文章の機能美に驚いた」と述べたそうである。私の入省当時も、大蔵省のペーパー書きにおける論理性の要求水準は極めて高く、気付かぬうちに訓練されたようだ。

頭が真っ白になるオックスフォードのチュートリアル

もう一つの訓練はオックスフォード大学大学院におけるチュートリアルである。これはオックスブリッジの伝統的な教育手法で、大学の教員が学生を1対1で教える授業である(学部生の場合は教員1人に学生が複数ということもあるようであった)。私が受けた大学院のチュートリアルは、2週間に一度チューターの先生のところに行き、エッセー・トピックと講読文献リストをもらい、2週間後にエッセーを書いて持って行き、1時間ほど先生からの質問やコメントを受け、ディスカッションをするという形で進んだ。講読文献には教科書の第何章といった基礎的なものから、学術誌に掲載された何本もの論文が掲げられており、2週間の間にそれを読み、トピックについて4~5ページから10数ページのエッセーを書かなくてはならない。1学期にこれを5~6回繰り返し、一つの科目について主要トピックをカバーをする。そうした形で最終試験までの

5学期（1年3学期制）をかけて自分の教科書を作っていくような作業である。とにかく、読んで読んで、書いて書いて、という日々で、チュートリアルの前日はほぼ必ず徹夜となり、ある時などは何度かの数十分の睡眠をはさみながら30時間以上書き続けたこともある。そうして書き上げたエッセーをチューターが読み、いろいろな質問をしてくる。"Why?"、"Why?"、"Why?"と3回くらい畳みかけて聞かれると頭が真っ白になる。教員の中にはこちらがついていけなくなったとわかると、丁寧にエッセーの空欄部分にその場でポイントを書き込み返してくれる先生もいた。そうした訓練を経ていつの間にか論理的に書く力がついてきたのだろうか。教員をしていた亡父があるとき私が書いた文章を見て「いつの間にこうした文章が書けるようになったのだ」と感心していた。大蔵省とオックスフォードのおかげであると考えている。

論理的に書き報告する訓練

こうしたことから、基礎演習では論理的に書くということを重視し、さまざまな論文執筆に関する著書を試した末、論文の書き方について極めて適切に整理してある本（戸田山和久〈２００２〉『論文の教室　レポートから卒論まで』ＮＨＫ出版〈現在は２０２２年版が最新〉）を見出し、これを基本書に指定し、レポーターにその内容を報告させるとともに、全員にその日の講読部分の要旨を提出させた（全員に読ませ、それぞれに自身の要約を作らせることがポイントである）。

さらに別の本（藤沢晃治〈2002〉『「分かりやすい説明」の技術』講談社ブルーバックス、池上彰〈2009〉『わかりやすく〈伝える〉技術』講談社現代新書）をもとに報告の仕方を学ばせた。こうした準備をした後に、全員に各人が選んだ小論文のテーマ（自分が取り組む問い）を発表させ、論文テーマとして成立つかどうか、クラスメートからのコメントに付した。そのうえで当該テーマにつき執筆した論文（第1稿）をクラスで報告させ討議し、全員が相互にコメントを書いて提出し、報告者はそれを踏まえ改稿して第2稿を報告し、期末に最終稿を提出させる形とした。さらに合間に1～2回時間を割いて、クラスをグループに分けAI、人口減少などのトピックについてディベートを実施し、それに対するコメントも提出させた。

「なぜこのクラスだけこんなにきついのか」

授業では議論がヒートアップし、言い合いのような事態になることもあり、活発な授業となった。また小論文の中にはよくここまで調べたと思うような優れたものもあった。竹島問題について詳細な歴史的経緯を踏まえ論じたもので、執筆者は経済学部進学予定の学生であった。たまたま学期後にキャンパスで出会ったので「良い論文を書いたね」とほめたが、うれしそうであった。ただ、事後アンケートを取ると、「盛りだくさんの内容をよくマネージしている」といった評価する意見もある一方、「なぜこのクラスだけこんなにきついのか。納得できない」と書いてくる学生もいた。「駒場で2番目に大変な授業だ」というコメントもあった（1番目は、別の授業で海外研修までアレンジしている、私も知る教育熱心な女性の先生の授業であった）。

「先生の授業を高順位で希望する学生が少なかったということです」

２０１０年代の半ばになって、駒場ではこの基礎演習のクラス割りに学生の希望を反映させるという改革が行われた。具体的には担当の先生方が7～8人ずつグループを組み、その先生のクラスをとる可能性のある数百人の学生を前に、大教室で各先生がどのような考えでどういった授業を行うかプレゼンテーションを行い、学生はいくつかのグループのプレゼンテーションを聞いた後、第1希望から第10希望まで希望を提出する。これを踏まえて事務が割り振りを行うという形である。私も東大での最終年度にこの方式に従い基礎演習を行った。自分の頭で論理的に考える力をつける訓練を行うこと、それが社会に出ていくときに極めて重要であることなどを話した。その後クラスのメンバーが決まったとの連絡を受け、初回授業に赴いた。この授業は必修であり、落とせば1学年下の学生と一緒に履修しなくてはならなくなるため、初回に欠席者が出るということは稀である。ところが、３～４名の者が欠席している。今後の授業の進め方について説明を始めると多くの者は極めて真剣に聞いているが、一部に興味がなさそうで内職にいそしむ者がいる。これまでに見たことのない光景である。このクラスは変だと思い、初回授業終了後、事務に尋ねた。担当者は、「20名の受講生のうち13名は第1希望、14人目は第9希望、あとは留年生など希望も出さなかったりした者です。荒巻先生の授業を高順位で希望する学生が少なかったということです」との説明であった。プレゼンテーションを聞いていた者は2～300名はいたであろうから、私の授業を望んで受ける学生は5％程度であるということのようである。

しかしながら、この年の基礎演習は東大に在籍した約13年の中で最高の充実度を示した。出席する多くの学生の熱意は高く、ディベートでも議論はかみ合い、小論文の水準も高かった。事後アンケートに「本当に役に立った」と書いてくれる受講生がおり、やりがいを感じた。そのアンケートは今も手元にある。

4.「成長しなければ生き残れない」——国際機関で必要となる能力と現在の大学教育の問題点

国際機関出向の記憶

東大に移って8年ほど経ち授業も（自分の感覚としては）軌道に乗っていた2012年の5～6月頃であろうか、国際機関の活動を学生に紹介する授業を起こせないかと考え始めた。

その背景を考えると、入省当初の配属先が国際金融局、そこから英国オックスフォード大学大学院に留学し、主税局国際租税課で課長補佐を務めるなど国際的な業務に関わることが多かったことがあると思われる。特に、国際租税課からワシントンにあるＩＭＦ（国際通貨基金）に出向した経験が大きく影響している。前職の国際租税課では移転価格税制の導入、外国税額控除制度の改正、タックスヘイブン税制の見直しなど比較的大きな仕事を担当し、そのおもしろさに引き込まれ、夜寝る前に仕事のことを考えると早く朝にならないか待ち遠しく思うこともあったし、この仕事をしながら机で死んだらさぞ幸せだろうと感じることもあった。しかし、同時に国際機関で勤務することに対する憧れも抱いていた。いつからのことか記憶がないのだが、大蔵省で仕事をしていくうちに、いずれ途上国を支援する仕事に就きたいという気持ちが少しずつ蓄積されていった。そうした中、１９８７年夏に、ＩＭＦに出向する機会を与えられ、赴任した。

個としての能力の証明を求めるＩＭＦという職場

ＩＭＦは予想通り素晴らしい職場で、多くの経験をさせてもらった。出向期間は約2年間と長いものではなかったが、その間、外貨不足に悩むネパールへの金融支援、モーリシャスやマダガスカルへの技術支援、税と国際的資金フローに関する同僚との論文執筆と国際コンフェランスでの発表など刺激的な仕事に恵まれた。ＩＭＦ勤務で受けた訓練は、個として仕事をすることと、高い要求水準に応えていくことの2つである。赴任してまず驚いたことは、引継ぎがないことであった。ＩＭＦ財政局租税政策課のエコノミストに就き、部屋をあてがわれたのだが、前任からの引継ぎがない。その部屋にかつて別のエコノミストがいたことは確かであるが、局内の誰も彼が何をしていたかに関心を持っている人はいない。職務はポストに付いているのではなく、人に付いているのである。個として能力の証明をしていくことが求められる。

要求水準の高さ

もう一つは要求水準の高さである。例えば、モーリシャス出張は国税当局の組織改革について助言を行う技術支援業務であった。メンバーは（仕事に非常に厳しいと評判であった）チリ人の団長（女性）、米国の内国歳入庁ＯＢの専門家及び私の３人で構成された。10日間程度の訪問中、朝食をとったらすぐに国税当局に赴き部署からのヒアリングを始め、一日に３～４カ所からヒアリングし資料を入手、それを朝から夕刻まで1週間ほど続けた後、入手した情報をもとに現地で何十ページからなる報告書（エイドメモワール〈覚書〉と呼ばれた）を執筆し、ワシントンにある本部の承認を条件とするという暫定的な形で、出張中に現地の当局に手渡すところまで終えてしまった。現地では寝る時間を削って作業を行うことになる。明け方の4時までそれまでのヒアリングの議事録作りをしてホテルの団長の部屋のドアの下から差し込んで寝ると7時に電話でたたき起こされ、電話からは「お前の書いた議事録のここはわけが分からん」という団長の怒鳴り声が聞こえるということもあった。報告書執筆の最終段階になって、団長による当初の割り振りで足りないところが出てきて、団長は「誰が書くんだ」と頭を抱えた。当初の割り振り段階で、団長が食事中に口頭で指示を与えたので不安に思い、「後になって報告書の構成や分担について不備が出るのではないか」との懸念を伝えた私に「団長は完璧だ」と言っていた内国歳入庁OBの専門家からこの期に及んで「ケンジ、お前の担当部分に近いのではないか」とのありがたい示唆があり、追加作業を引き受けたりもしたが、何とか期限内に書きあげた。団長は、私が分担して書いた章を気に入ってくれ、「また一緒に出張に出たい」と言ってくれたので、またご一緒するのは少し大変だなと思いつつも感謝した。IMFの出張で団長から何度か「もう一緒には行きたくない」との評価をもらうと、IMFに居場所がなくなるのである。IMFを離れる際に関係者で送別の昼食会を開いてくれた。団長も来てくれたので、挨拶の中で「団長からは、膨大な業務負担をこなしていくことも時には快感であるということを教えていただいた」とお礼をした（全員が爆笑していた）。

ネガティブチェックでは済まないペーパーチェック

また、もう一つ国際機関での業務の要求水準の高さの事例に触れると、IMFの本部にいると、時折、ペーパーのチェックの仕事が入る。私が配属されたのは、財政局租税政策課であったので、他の局から、例えば、アフリカのタンザニアの所得税システムについて現状を評価し、改革を提言する文書が回ってくる。財政局幹部から、こうした文書が来たので、数日でチェックしてくれとの依頼となる。日本の役所でも文書チェックの業務はあるが、そうした時の作業は、記述の間違いや適当でないところにコメントを付す、いわばネガティブチェックが基本である。しかし、IMFにおけるチェックは異なる。例えばタンザニアの所得税制改革を扱う文書であれば、まず文書の構成はこうでなくてはならず、それぞれの章でこうした検討が行われることが望ましいといったことを述べ、それに照らしこの文書は構成やその内容においてこうした問題があると分析・指摘し、それを改善するためにはこのようにすべきである、といった前向きの提案を含めなくてはならない。いわば、ペーパーを再構成し改訂版を作るような作業である。

厳しくも成長を促す国際機関勤務

こうしたことがさまざまな場面で出て来る厳しい場であるが、組織としては大蔵省に似て厳しく人を育てるところがある。国税庁の長官を務めた方が、国際機関勤務から帰った後輩を見て、「国際機関での人の訓練というのはすごいね」と感嘆していたことがあったが、私も2年間の勤務を終えて役所で以前の上司にあったところ「うわーっ。たくましくなったなあ」と驚かれてしまった。留学後にも留学前の上司と仕事でお付き合いが生じたが、「前とは全然違うね」「人が成長するっていうのはいいね」と（以前はよっぽどひどかったのだろうなと思わないでもなかったが）誉めていただいたこともある。外国で1人で仕事や勉強をすることは大きく成長する機会であり、私も育ててもらったと考えている。

こうしてＩＭＦ時代に、専門性・競争性をベースとして、個人を基本に、バックグラウンドの異なる人と一緒にさまざまな国で影響の大きな仕事をしていく国際機関勤務のおもしろさを感じるとともに、そこで必要とされる能力（専門性、競争性、自己責任、コミュニケーション能力、多様性の受け入れ、協働など）は、これから指導的立場に立つ日本人が必要とするものではないかと考えるようになった。ただ、一つ留意を要することがある。それは、私の場合は、大蔵省からの出向という安定的な立場があったことである。そうした要素なしで考えた時に国際機関は国内の職場と比べて、競争の厳しさ、キャリアの不確実性などマイナスの面もあり、総合的な評価は慎重に行う必要がある。

テーマ講義「国際機関で働く」の企画

さて、話を国際機関の活動を学生に伝える授業を起こしたいと考えた時点に戻すが、そうした希望を持ってもどうすればよいか分からない。たまたまその年の4月から、予想もしなかったことであるが、所属する国際社会科学専攻の専攻長になってしまい、学部運営に携わる専攻長・系長会議（理系は専攻でなく系と呼ばれていた）に出ていたので、グローバル化に熱心な学部幹部など何人かの方に相談してみたが、あまりこれといったアイデアは得られない。そもそも大学の先生同士は、お互いがどのような授業を担当しているかにはほとんど関心がないので、授業の起こし方について相談すること自体が見当外れだったのかもしれない。やむなく専攻の事務と相談をすると、駒場では比較的自由な形で授業を起こせる「テーマ講義」という授業分類があり、それを使ってみてはどうかとの助言を受け、その方向で企画を行っていった。同じ専攻の同僚で国際関係論専攻であるが、私の研究テーマである国際資本フローに関わる規制のあり方に関心を持って研究を続けて来られた古城佳子教授が一緒に運営に参加してくれることになった。さらに、私のＩＭＦ出向時に、米州開発銀行に出向していた役所の後輩の長谷川浩一氏が、財務省から本郷にある公共政策大学院に教授として出向していたので声をかけたところ長谷川氏も参加してくれることとなった（２０１３年度、２０１４年度は、外務省から出向してこられた嘉治美佐子教授、国際協力銀行から公共政策大学院に来られた西沢利郎教授にも参加してご尽力いただいた）。

実践的知識を提供し能動的な授業参加を要請

授業の構成を考えるに当たっては、国際機関の機能・役割を正確に認識してもらうことは必須であると考えた。具体的には、金融危機への対処、開発の促進と貧困の撲滅、環境・資源問題への対応、難民救護などのグローバルな政策課題に対応する上で、国際機関はどのような機能を持ち、どのような役割を果たしているかについて理解を促進することを主要な目的の一つとした。そのうえで、これらの国際機関で働くためにはどのような専門的知識や技能、大学院教育などの教育歴、語学力などを身につける必要があるのか、国際機関に奉職した場合にはどのようなキャリアパスが予想されるのかなど、国際機関で働くことに関心を有する学生（文系及び理系の1〜2年生）に、正確で実践的な知識を提供し、早期の準備を促すことも目的として掲げることとした。

基本的な構成としては、まず担当教員から、授業の趣旨・進め方、国際機関の種類と業務、国際機関の役割の理論的位置づけ、私を含めた担当教員の一部が勤務経験を有する国際機関での勤務の実態などを講義し、次いで、国際機関の現役・OB／OGあるいは関係省庁の担当者をゲスト・スピーカーとしてお呼びし、話をしていただき、その後質疑を行うという形で進めることとした。ゲスト・スピーカーには、あらかじめ所属機関の使命・機能と世界経済における役割、現在抱える主要な課題、具体的な業務の事例などとともに、国際機関に入ったきっかけなど個人的経験に関する事項も織り込んで入れていただければありがたいという希望を伝えさせていただいた。

受講生には、毎回コメント・質問シートの提出を義務付けた。また、学期が半ばを過ぎたところで何人かにディベーターとなってもらい、「国際機関は我々がそこで働くことを目指すにふさわしい魅力ある職場である」という命題について、pro（賛成論）とcon（反対論）とに分かれて討議してもらった。また最終回には、受講生に、「国際機関に必要な能力とは何か。日本人に特徴的な行動原理・考え方はマイナスなのか」「大学時代に何をすべきか。今の大学は必要な力を身につけるための教育内容を十分に備えているか。何が欠けているか」についてディスカッションをしてもらった。中間段階でミニレポート、学期終了後には期末レポートを提出することを求めた（こうした運営には、受講生から厳しいという声もあった）。

こうした作業の参考として、受講生には、国際機関の公式サイト、国際機関勤務者等による情報発信の場、外務省の関連ページなど就職関連情報サイト・文献をリスト化した「参考となる文献・情報ソース」（98ページ参照）を配布し、受講生が自分で調べられるようにした。

100名に近い受講生の参加と熱血講義の展開

初年度である2012年度の冬学期の初回授業には、約120名が出席した（その後100名弱に減少。なお、2年目、3年目の受講生は60〜70名程度）。初回にとったアンケートによると、内訳は、男性7割強、女性3割弱、文系8割強、理系2割弱であり、その中に国際機関勤務希望者は約7割を占めた。授業に対する主要な要望としては、次のようなものがあった。

・良いところだけでなく、苦労するところ、期待と違っていたところも話してほしい
・なぜ国際機関に勤務したのかなど、具体的な経験話が聞きたい
・国際機関に勤務するのであれば、大学時代に我々はどのようなことをすべきか
・結婚、子育てとの両立に関して、率直な話を聞きたいので、女性から話を聞きたい
・理系の人からも話を聞きたい
・双方向の講義を期待する

これらの要望はゲストスピーカーとしての講演を引き受けていただいた方にあらかじめお伝えした。

初回のゲスト・スピーチを行っていただいたＡＤＢ（アジア開発銀行）の松波克次氏の授業はまさに熱血講義であり、スピーチ中から何度も質問の手が上がり、スピーチ後の質疑の時間にも質問が途切れなかった。松波氏のスピーチは、green growth 推進などＡＤＢの政策に関わる内容と国際機関勤務に関わる助言の二つをカバーしたが、後者のポイントは、①core competency を持て、②国際機関は（国際貢献ではなく）自己実現の場、③個人で考え提案し実現する、個人で勝負する場、④日本人であることの強みがあるはずといったもので、学生から提出させたコメント票によると、圧倒的多数の者が、これらのポイントに感銘を受けたとしていた。

他方、green growth や sustainability は先進国の価値判断ではないか、regional integration に

は国家間格差拡大のリスクがあるのではないかなどＡＤＢとしての業務運営に係る内容については、必ずしも納得していない学生が目立った。松波氏は講義後に受講生からの質問を分類整理したうえで、Ａ４で4ページにわたる詳細なコメントを送付してくれた。学生にとっては非常にありがたいことであった。

その後も、新興国・途上国の急激な成長という世界経済の構造変化の提示、「成長しなければ生き残れない」という職場での競争の厳しさの素直な表明や個人的な人生観の吐露に及ぶ熱い授業が続き、予想を上回る盛り上がりを見せた。

ゲスト・スピーカー陣の熱意

この授業を実施した3年間、素晴らしい講師の方々が極めて多忙な中、来ていただき、熱のこもったスピーチをしていただいた（101ページのゲスト・スピーカー一覧参照）。学生には講師へのリターンは受講生からの質問・コメントの提示しかないと話しており、毎回、学生から提出されたコメント・質問票は全て講師にお送りし、多くの方がそれに対して、回答を寄せてくれた。中には、62人にも上る受講生のコメント・質問に一つ一つ手書きで回答・コメントを寄せてくれたゲストもおられ、ありがたく受講生に配布させていただいた。また、出張中の飛行機の上で回答を記してくれた講師もおられた。改めて感謝の意を表させていただくとともに、こうしたご厚意に恵まれた学生は非常に幸運であると思う。

大学改革の必要性への示唆

２０１２年12月には、受講生に中間レポートを提出してもらい、その中で、国際機関で働く上で必要な能力、学部時代にすべきこと、大学に欠けているものという3点について、受講生の考えを聞いた。回答者は74名、うち文系63名（1年生60名〈文科1類28、同2類20、同3類12〉2年生3名〈文科3類3〉）、理系11名（1年生11名〈理科1類7、同2類4〉）であった。

受講生の回答（複数回答）のポイントを述べると、まず、国際機関で働く上で必要な能力については、①8割以上の受講生が語学を挙げ、二つ以上が必要という人も1割強いた。次いで、②6割以上の者が専門性を挙げ、③半数ほどの者はコミュニケーション能力、3分の1程度がプレゼンテーション能力を挙げた。さらに④実務経験を挙げた者が2割、学位を挙げた者が1割以下と続いた。

次いで、学部時代にすべきことについては、①専門性・勉強が5割超、次いで②語学が5割、③コミュニケーション・プレゼンテーション能力が4割強、④留学は3割弱、⑤その後、教養、海外経験、サークルはそれぞれ2割強、思考力・伝達力1割強が続いた。

最後に、現在の大学教育に欠けているものについては、①3分の2が実践的英語運用力や英語での専門科目実施等語学力を挙げ、次いで②3割超がコミュニケーション・プレゼンテーション・アカデミック・ライティング能力を挙げた。また、③2割が留学制度が充実していないとし、④1割5分弱は思考力訓練が不足しているとした。

思考力訓練の不足

思考力訓練に関しては、「東大の授業のほとんどは生徒に考えることを要求していない（授業に1度も出ず、一日前からシケプリ（学生が期末試験用に用意するプリント）で勉強すれば優が取れる科目には存在意義がない。黒板を写すだけの授業は脳が働いている気がしない）」「日本の大学では知識の教授に重きが置かれ、自分で意見を表現するという過程はなく、思考訓練としての役割を果たしていない。国際的人材育成を考えるのであれば、海外の大学のように、少人数授業を積極的に取り入れ、ディスカッション・ディベート等自分の考えをまとめ表現する機会を授業内に増やしていくべきではないか」「知識の「インプット」は重要だが、大学では中高よりも「アウトプット」が増えるべきであるが、それがほとんど備わっていない。授業の少人数化と1人1人が意見を述べる機会が増える教育プログラムが望ましい」など厳しい評価が並んだ。学生は、大人数の一方向・知識吸収型の授業に加え、学生に考えさせ意見を表明させる思考訓練型・アウトプット重視型の授業の強化を求めている。また、語学力については、英語での議論の授業へのとり入れ、英語での講義の拡大などによる「聞き、話す」力の強化を求める意見が圧倒的に多かった。こうした意見の一部は、駒場の教養学部報に寄せた「学生は大学に何を求めているか―テーマ講義『国際機関で働く』受講生に見る学生の意識」（２０１３年７月３日 第５５８号）と題する寄稿に盛り込み、同僚にも訴えた。当時進められていた学部教育改革の議論の中で、その一つの成果として、大学での学びの基本を学ぶ「基礎演習」よりもより専門に近い形でインテンシブに学ぶ社会科学ゼミを導入することとなったのは、この「国際機関で働く」という授業からヒントを得た大学がこれから向かうべき方向に沿うものであり、重要な一歩であった。

受講生からの高評価

ゲスト・スピーカー、運営に携わっていただいた先生や事務の方々、ＴＡ（ティーチング・アシスタント）を務めてくれた院生ほか多くの方々のおかげでこの授業は３年度にわたって実施することができた。私がサバティカル（在外研究）に出るため学期の最後で離れた２０１４年度には、同一分野の授業の中で最高評価を得たと聞いた。長く東大で教えて来られ、この授業を一緒に運営していただいた古城先生も「最高評価をもらったのは初めてです」と述べておられた。当初こうした授業を起こすということを同僚に話したところ、「(私学ではよく聞くが) 東大でもこうした授業をやるのですね」と冷めた感想もあったが、東大には対外志向の強い学生が多く、こうした授業を欲していることを改めて感じた。米国からIDB多数国間投資基金長官が別件で来日した折に、スピーチをしていただいたが、長官は、事前に学生は英語がうまくないのでそれを頭に入れておいて欲しいと何人もの人から話があったが、実際はそんなことはなかったと感想を述べていた。実際に学生に聞くと「今は受験のためにこのくらいの英語のヒアリングはやっている」とのことで、入試の影響力の大きさを改めて感じるとともに、逞しさも覚えた。

授業後のアンケート及び期末レポートの中には、多数の受講生から、受講して本当に良かった、将来に向けて有益なことを得られた、来期以降もぜひ開講して欲しい等の意見が寄せられた。ひとえにゲストの先生方のお陰であると改めて感謝した。

5. ハートに火のついた学生たち

最初のゼミの驚き—果敢な受講生たち

話が少し戻るが、東大に移って最初に担当したゼミは、後期課程生を対象とした「国際経済政策演習」であった。初年度の2004年冬学期の受講生は2年生1人、3年生3人の計4人という少人数ゼミであった。

このゼミでは、まず最初のテーマとして開発援助をとり上げ、「援助は開発を促進しうるか」

という問題意識の下、これに疑問を呈する米日の経済学者の論考や世界銀行のレポート（小浜裕久・富田陽子訳『有効な援助』２０００）の関連部分を読んでいくこととした。すると、世界銀行の同レポートの報告を担当した3年生は、講読文献として翻訳本を紹介していたにもかかわらず、世銀がwebで公開していた原文のレポート（"Assessing Aid-What works, What doesn't, and Why?" 1998）を読み、報告を行った。その負担をものともしない姿勢に舌を巻いた。学期後半は、アジア通貨危機を契機として盛りあがったＩＭＦ改革の論議をとりあげ、まずＩＭＦの機能について学んだ。少し難しいかなと思いつつ、ＩＭＦは国際収支困難（外貨準備不足等）に陥った国に資金支援を行う際に一定の政策を実施することを条件とする（これをコンディショナリティと呼ぶ）が、その理論的フレームワークを説明するＩＭＦの論文（IMF［1987］"Theoretical Aspects of the Design of Fund-Supported Adjustment Programs" IMF Occasional Paper 55）を講読文献に指定した。この文献は、１９５０年代以降ＩＭＦの中で形成されてきたいわば口頭伝承の理論をペーパーに落とし込んだもので、非常に含蓄の深いものであるが、その一方でかなり読み取りにくいものである。大蔵省の同期生でＩＭＦ勤務の長かった友人に言わせると、大学院で1学期くらいかけて読むに値する文書である。事実、駒場の大学院で1学期のほとんどを使って読んだこともある。それをこの学部ゼミでは３～４週間で読んだ。さすがに理解のできないところもあったようだが、彼らの報告レジュメは東大にいた13年近くで最も簡潔にペーパーのエッセンスをまとめたものとなっていた。これに匹敵するものは、その後経済学部や駒場のドクター生とともに大学院の授業でこれを読んだときにそのドクター生たちがまとめたものだけであった。その経済学部のドクター生は20代のうちに国立大学の准教授となり、30代初めに博士号を取得し、単著も出版するという極めて順調な研究者としてのキャリアを歩んでいる。このゼミの後期課程生4人のうち、Y君はその後国家公務員となり、英国に留学、役所の人事部局や中枢の局で中堅となっている。「一度きりの人生は公共の利益のために使いたい」と話していたことを思い出す。G君（先ほどの原文を読んでレポートした受講生）は元々理系であった学生であるが、その後ロースクールに進学し、司法試験合格後、経済に転じ現在米国の大学院でPhD論文を作成中であると聞く。G君は何をしてもできてしまう大変に高い能力の持ち主で、私は彼に対し「G君は君の能力を超える仕事が来るようなところに就職した方が良いのではないか」と言ったことがある。そこで私の念頭にあったのは、財務省である。私は大蔵省（財務省）在勤中、いつも自分の能力を超える課題に直面していた。大変であったが、おもしろい刺激に満ちた場であった。きっとG君であれば楽しめ、かつ貢献もできたであろうと思う。唯一の2年生であったS君は、その後駒場の大学院に進学し、私の国際経済学の授業のTAを務めてくれたりしたが、中国に留学し、研究者の道を歩んでいる。

このゼミでは、IMF改革の論議を終えた後、受講生の希望を踏まえ、学期が終わった後も授業を続け、日本経済の低迷（当時「失われた10年」と言われていた）について、文献を読み、真っ暗になるまで黒板を囲んで議論を続けることになった。このゼミは、まさにエンドレスゼミであった。どれだけ課題を課し、いかに難しいテーマに取り組んでも、逡巡せず、へこたれもせず取り組んでくる、学習者の鑑のようなゼミ生であった。東大在勤中に、こうしたゼミ生と何回か出会うことができた。教師冥利に尽きる、充実した時間を過ごさせてもらったと考えている。

飽くなき探求心に火がつく―日本経済長期低迷の原因究明に挑む

２０１１年夏学期の「国際経済政策演習」では、自分の専門分野（国際金融）とは言えない日本経済の問題をとりあげることとした。

日本経済は１９５０年代から70年代初めにかけての高度成長を経て自由世界で米国に次ぐ第２の規模の経済に発展し、１人当たりＧＤＰも世界でトップクラスに上昇する。１９７０年代初めに高度成長が終了した後も、日本経済は、ブレトンウッズ体制（固定相場制）の崩壊と変動相場制への移行、２度にわたる石油危機を乗り越え、極めて低い失業率と安定的な成長を誇る経済の優等生であり続けた。１９８０年代には日本経済は金融面でプレゼンスを高め、国内経済は好調を続け他国の経済的脅威とまでみられるようになる。ところが１９８０年代後半、日本経済は巨大なバブルを形成し、90年代初頭のその崩壊以降、長期にわたり低成長、さらにデフレに悩むことになる。日本の名目GDPの額は、1997年に544兆円とピークを打った後、完全に成長を止め、10数年経った2010年頃でも500兆円前後と、1997年のピーク時を下回る水準にあった。このような誰も予想しなかった状況はなぜ生じたのか、これは果たして必然だったのかという役所勤務時から抱いていた疑問に答えを出したいという強い気持ちがあった。これが専門外のテーマに取り組んだ背景である。

膨大な文献を次々と講読

2011年4月、演習の初回の説明で、バブルの形成の原因とバブル崩壊後の長期低迷の原因を理解することを目的として、これまでにどのような主張が行われているか、その論拠として提示されているものは何か、データや事実関係は何を示しているかを見ていくという演習の狙いを伝えた。これに応えてくれた受講生は7名であったが、この7名とともに、基礎的なデータや事実関係の確認から始め、バブルの原因、バブル崩壊後の長期経済低迷の原因等について広範な文献を次々と読んでいった（103ページの講読文献等一覧参照）。

地域研究に所属する高本浩之君はじめ、2011年夏学期受講生の多くは極めて熱心で、夏学期の終わりの時点で、冬学期にこのゼミのテーマを引き続き追求するゼミを開講すれば受講したいという希望が何人もの受講生から寄せられた。これを受け、冬学期に新たに授業を起こし、検討の視野を高度成長期まで広げる一方、資産デフレなど長期低迷の原因に関するより広い視点からの論考に焦点を当てて、さらに文献講読を進めた（冬学期の講読文献等は106ページ参照）。

「荒巻ゼミは最高のゼミでした」

さらに、２０１２年夏学期も連続してこのテーマを追った。高木君など数名は３学期連続での参加となった。新たなメンバーも加わり、90年代後半の金融危機と構造問題に焦点を当てて文献を読んだ。高本君は前年に比べ進行スピードが遅いといったコメントを漏らすほど、このトピックにエネルギーを割いていた。彼は卒論も日本経済の長期低迷で書き、所属専攻の教員から高く評価されたと聞いた。後に高本君は、ちょっとした関心で２０１１年4月にゼミに顔を出したら、レポーターにされてしまい参加となったが、文献を読み進むうちに関心が高まり、いつしか彼の学生生活はこの問題への取り組み一色となったそうである。卒業に際し、高本君は「荒巻ゼミは最高のゼミでした」とのコメントを残してくれた。長期低迷の原因を知りたいという気持ちが彼を始めとする学生の心に火をつけ、飽くなき探求作業へと向かわせてくれたのだと思われる。その後、サバティカルの機会を得て客員教授としてロンドン大学のＳＯＡＳ（School of Oriental and African Studies: 東洋アフリカ研究学院）に所属し（ＳＯＡＳについては次章で紹介）日本経済について行った講義をベースに英文及び日本文で著書を上梓することになるが、この東大でのハートに火がついた受講生諸君の熱心な参加が研究の出発点となったものであり、受講生には感謝している。

数学科・医学部からの異色の受講生（発展ゼミ）

先に基礎演習について書いたが、駒場では私が離れる前の年に発展ゼミ（正式には「社会科学演習」と呼ばれた）を導入した。これは基礎演習の先にあるゼミという位置づけで、より専門に近い発展的な内容でインテンシブな演習を行おうというものである。

後述する在外研究から2015年度の夏に戻り、早速発展ゼミを担当した。テーマは「日本経済の長期低迷の原因を探る」というものとし、教員からの問題の概観の後、基本的な文献を何週かにわたって講読し、その後各人がテーマを選定して小論文を書き、報告するという構成とした。蓋を開けてみると、受講生は5名前後と極めて少なかった。経済や法律を専攻する学生が大半であったが、その中にこのゼミに参加するための条件としていた小論文提出義務（文系学生が1年次の基礎演習で書いた小論文の提出を念頭に置いていた）を満たすために、新たに小論文を執筆し提出してきた深澤武志君という理系の学生がいた。小論文は日銀の金融政策の変遷を扱ったもので、良く整理されたものであり、どうしてこのような論文を書いたのか聞くと、高校生の頃から時事問題について学ぶサークルに入っていたとのことであった。深澤君はその翌年度も

（単位にはならないが）参加し、論文を書き続け、さる銀行が募集した論文コンテストで入賞を果たした。その後数学科に進学した後、経済学研究科の大学院に進み、経済学の研究を進めている。翌年には、こうした異色の受講生がもう1人参加してくれた。医学部の学生である。ある日のマクロ概論の授業を終えると、きちんと背広を着た1人の学生が教壇に質問にやってきた。その授業の冒頭にとり上げた時事問題に関する質問であったが、そうしたトピックに関心があるのであれば、何曜日の何時限にこういった発展ゼミを開いているのでのぞいてみてはどうかと誘ってみた。そうしたところ、その翌週であったか、その学生が現れ、単位にはならないが参加を申し出た。彼は増田康隆君といい医学部生であるが経済関連のさまざまな統計を探してきて分析をしていた。私が友人に頼まれ㈳統計研究会「Eco・Forum」（Vol.32 No.2 April 2017）に「日本の社会は荒んできたか」というテーマで小論を書き、日本の殺人事件や自殺について調べたものを渡すと、それに刺激を受けたのか、自殺と不況（失業率で測っていた）との関係が一般的に成立するか、他国の統計を使って分析するといった作業を易々と行ってきた。結果は、国によって異なり、必ずしも両者に正の相関があるわけではないというものであったが、諸外国の関連統計を集め、分析を進めていく力に驚いた。増田君はそもそも私のマクロ概論の授業の受講生ではなかったが、たまたまその時間が空いたため、授業に来てみたと言っていた。先の深澤君と増田君はどちらも発展ゼミに大きな貢献をしてくれた。２人に共通していたのは、日本経済の長期低迷の原因について、私は需要サイドの要因（バブル崩壊、金融危機以降の企業の防衛的姿勢による投資や賃金の抑制による内需の低迷など）に焦点を充てていたが、企業の競争力など供給サイドにフォーカスして分析を行うという点であり、他のゼミ生ばかりでなく、私も刺激を受けた。

この２人の学生は、後に私が自分のゼミの現メンバーやＯＢに声をかけ、駒場で定期的に開催していた「現代日本経済研究会」にも参加を続け、そこでその後の独自の研究（それぞれ円レートと輸出パフォーマンスの関係、及び供給力の変化を労働時間の減少などで説明するものであった）の成果の報告をしてくれた。その後、私が駒場を離れた後も含め時折コンタクトがあり、駒場での最終講義や私の国際会議での報告スライドのチェックなどもしてくれ、大いに助けられた。仮にこうした優れた研究仲間を得て研究を進めるという立場となったら、実に恵まれたものであろうと感じた。コロナ危機のインパクトについて講演をした際に、自殺者の増加を踏まえ、life（生命）とともに livelihood（暮らし）を守る必要性を訴える私のスライドに共感を示してくれたが、こうした公共的な意識を持ち、専門を身につけようとしている若者には勇気づけられる。

6. 最終講義

学生からの最終講義実施の要望

２０１７年3月末をもって私は駒場を定年退職した。退職教員は最終講義を行う慣例がある。ただし、これを行うかどうかは本人の意向次第で、行わない教員も珍しくはない。私は事務からの照会を受け、最終講義を行う柄でもなかろうと行わないことを連絡するつもりであった。ところが連絡の締め切り間際に行った国際経済の講義の後、女子学生が寄ってきて最終講義はいつか聞いてきた。「聞きに来る人がどれだけいるか分からないし、やらないつもりだけど」と答えると「先輩が聞きたいと言っています」とのことである。若い人が聞きたいということであれば、考えてみようということになった。

その先輩がなぜ私の最終講義に関心をいだいたかというと、講義内容というより、私が国際経済の講義の中で時に触れる役所時代のエピソードに興味を覚えたからであったようである。私は講義をしていて、突然関係のあるエピソードを思い出すことがあった。ただ、エピソードを織り込むことにはいくつか問題があった。その一つは、エピソードに入ると、そこからさらに別のエピソードへと次々と話が横に展開していき、そのうちになぜそのエピソードを話し始めたか忘れてしまうことであり、時に往生した。このため、前の方に座っている学生を指名して、「エピソードに入ったら、どこで入ったか覚えておいてくれ」と頼んでいた。もう一つの問題は、たまに受講生の中に関係者がいることである。役所のある局が推進していた政策について、別の局での経験で簡単な話ではないということを感じていたので、やや距離を置く形で説明したところ、受講者の中にその政策の担当局長のご子息がいて、私の話が局長に伝わり、熱心に取り組んでおられた方だけに心外な思いをされたと聞いた。

トランプ大統領誕生から何を学ぶか

最終講義に話を戻すと、一緒にテーマ講義を担当した先生や仕事をともにした先生たち、さらに最終講義実施のきっかけを作ってくれた女子学生2人や親交のあった院生が中心となって、講義、懇親会をアレンジしてくれた。せっかく若い人が集まってくれるのであれば、彼らの今後の社会人生活に何か役に立つ話をと考え、「グローバル化と反グローバル化の中で—何を学び、どう生きるか」というタイトルの下、2017年1月のトランプ政権誕生の経済的背景を探る話とした。司会をしてくれた親しい院生は「最終講義ですからあまり新しいお話はされないのだろうと思っていました」と新たに題材を設定・分析して講義したことに驚いた様子であった。80名を超える学生、院生、教員、一般の方、友人も集まってくれ、思い出深い集まりとなった。

7．東大での手応えと反省

東大で教えた約13年の間、多くの題材を盛り込み、私の知ることをできる限り与えようとした授業（マクロ概論や基礎演習）は、多くの学生からは敬遠される結果となった一方で、インテンシブにテーマを追及する授業（日本経済低迷の原因を追究したゼミや発展ゼミ等）は関心を持った学生からは強い支持を受けた。国際機関の活動について学ぶテーマ講義の受講生も極めて熱意の高い学生たちであり、こうした熱意に応えることが彼らの成長につながるという手応えも感じた。ただ、学生から支持を受けたいずれの授業も学生の負担がかなり大きなものであったことは否定できない。こうした学ぶ意欲に応え学生を成長させていく授業を行うには、現在の大学の必要単位数はあまりに多いと思われる。インテンシブに学ぶ授業は多くても週に2～3科目が限度ではないだろうか。学生の成長を後押しするために文系学部教育が今後目指すべき方向については最後の第6章で考えてみたい。

〈参考となる文献・情報ソース〉（２０１４年４月に作成したものを、２０２３年10月に見直し）

１．国際機関の概要、活動内容等

・各国際機関の公式サイト（東京所在の事務所が日本語サイトを開設しているケースも多い）

世界銀行（https://www.worldbank.org/en/home）

世界銀行東京事務所（https://www.worldbank.org/ja/country/japan）

ＡＤＢ（Asian Development Bank（http://www.adb.org））

ＡＤＢ駐日代表事務所（https://www.adb.org/ja/offices/japan/main）

ＩＤＢ（https://www.idb.org）

ＩＤＢ Office in Asia（https://www.iadb.org/en/how-we-con-work-together/strategic-partnerships/office-asia）

ＩＦＣ（https://www.ifc.org/wps/wcm/connect/corp_ext_content/ifc_external_corporate_site/home）

ＩＦＣ東京事務所（https://www.ifc.org/ja/about/ifc-tokyo-office）

ＩＭＦ（International Monetary Fund, IMF）（http://www.imf.org./en/home）

ＩＭＦアジア太平洋地域事務所（https://www.imf.org/ja/Countries/ResRep/OAP-Home）

ＯＥＣＤ（https://www.oecd.org）

ＯＥＣＤ東京事務所（https://www.oecd.org/tokyo/）

ＵＮＤＰ（Home — United Nations Development Programme（http://www.undp.org））
ＵＮＤＰ駐日代表事務所（http://www.jp.undp.org/content/tokyo/ja/home.html）
ＷＣＯ（World Customs Organization（http://www.wcoomd.org））

・「国際開発金融機関を通じた日本の開発支援ＭＤＢｓ」（２０２１年版財務省）（財務省ホームページ（ＭＤＢｓパンフレット：財務省（http://www.mof.go.jp））国際開発金融機関の概要を解説）
・山口健治「世界銀行：日本が世界に貢献していくためには」1995年、近代文藝社
・岡村健司編「世界金融危機とＩＭＦ」２００９年、大蔵財務協会
・岡村健司編「図説国際金融２０１３-２０１４年版」２０１３年、財経詳報社
・神田眞人編著「図説ポストコロナの世界経済と激動する国際金融」２０２１年、財形詳報社
・外務省総合外交政策局国際社会協力部編「国際機関総覧　２００２年版」各機関のごく簡単な解説
・国際機構論の一般的な教科書（例えば、横田洋三「新国際機構論」２００５年、国際書院等）

２．国際機関勤務者等による情報発信

・ワシントンＤＣ開発フォーラム（http://www.devforum.jp/）
ワシントンＤＣで開発問題に関わる者を中心として２００２年に発足した情報交換サイト。ワークショップ、

ブラウンバッグ・ランチ（BBL：昼食持ち寄りのセミナー）、キャリアセミナーの開催を中心にさまざまな活動を展開

・世銀スタッフの横顔（https://www.worldbank.or.jp/Results/interview/#.YX6HvJrP1dg）
　世銀スタッフの横顔はキャリア形成の事例として必見（受講生には、対話する力を強調する式部透氏〈日本代表理事（2010年当時）〉、開発では人に対する愛情と同時に科学的であることが重要とする前田明子氏〈保健・栄養・人口セクター〉、自分が特別のものを持つことに気が付いた人はその力を自分自身よりも大きなもののために使ってほしいとする板屋和樹氏〈イノベイティブ・ファイナンス〉ほかの記事を是非読んで欲しい）

・国連フォーラム（http://www.unforum.org/）
国連に関心を持つ実務者、研究者、学生、メディア関係者など幅広い人々を対象とした非公式なネットワーク

・「ファイナンス」（広報誌・パンフレット・刊行物：財務省〈http://www.mof.go.jp/index.htm〉 財務省の広報誌。しばしば国際機関勤務者の記事を掲載（財務省ホームページで一定の範囲で過去の号も閲覧可能）

・その他ネットで多くの情報が得られる（例えば読売の発言小町〈http://komachi.yomiuri.co.jp/t/2008/0328/176112.htm〉では国際機関勤務に関する質問に経験者の丁寧な回答が寄せられている）

3．就職関連の情報サイト・文献

・外務省国際機関人事センター（外務省　国際機関人事センター〈http://www.mofa-irc.go.jp〉）国際機関（特

に国連関係）への就職を目指す者向けの情報を掲載

・外務省国際機関人事センターニューヨーク支部作成「国連機関への就職　ガイダンス資料（２０１３年版）」（国際公務員就職ガイダンス（２００５）（http://www.un.emb-japan.go.jp/jp/hr/2013ガイダンス資料Updaterd/110613.pdf）国連機関への採用の手順・要件等を概説。国際機関で働くことが国内企業への就職との比較でどのように異なるのかを理解する上でも有益（但し、情報が古くなっている可能性がある）

・横山和子「国際公務員になるには」２００９年、ペリカン社

・松元洋・渡邊直一「国際公務員をめざす」２００３年、時事通信社

・グローバル・リンク・マネージメント「最新版　国際公務員を目指す留学と就職」２００１年、アルク

・吉田康彦「国際機関で働こう」１９９６年、中央経済社

〈テーマ講義「国際機関で働く」ゲスト・スピーカー一覧〉

●２０１２年度

松波克次氏　アジア開発銀行（ＡＤＢ）

寺見興生氏　国際金融公社（ＩＦＣ）

上田善久氏　米州開発銀行（ＩＤＢ）

中谷好江氏　経済協力開発機構（ＯＥＣＤ）

Giovanni Ganelli 氏　ＩＭＦ アジア太平洋地域事務所
谷口和繁氏　世界銀行東京事務所
御厨邦雄氏　世界税関機構（ＷＣＯ）
伊藤賢穂氏　外務省国際機関人事センター
池上清子氏　国際連合人口基金（ＵＮＦＰＡ）
西郡俊哉氏　国連開発計画（ＵＮＤＰ）

●２０１３年度

佐藤雅俊氏　外務省国際機関人事センター
Nancy Lee 氏　ＩＤＢ 多数国間投資基金
柴崎大輔氏　赤十字国際委員会（ＩＣＲＣ）
久保眞治氏　国連難民高等弁務官事務所（ＵＮＨＣＲ）
西郡俊哉氏　国連開発計画（ＵＮＤＰ）
Giovanni Ganelli 氏　ＩＭＦ アジア太平洋地域事務所
根本かおる氏　国連広報センター
寺見興生氏　国際金融公社（ＩＦＣ）
池上清子氏　国際連合人口基金（ＵＮＦＰＡ）

●２０１４年度

根本かおる氏　国連広報センター
近藤哲生氏　ＵＮＤＰ東京事務所
柴崎大輔氏　赤十字国際委員会（ＩＣＲＣ）
平林国彦氏　ＵＮＩＣＥＦ東京事務所
佐藤雅俊氏　外務省国際機関人事センター
黒田順子氏　元東チモールＰＫＯ
Giovanni Ganelli氏　ＩＭＦアジア太平洋地域事務所
式部透氏　ＩＤＢアジア事務所
玉川雅之氏　ＡｆＤＢアジア代表事務所

〈２０１１年度夏学期講読文献等一覧〉

●整理したデータ等

ＧＤＰ成長率、ＣＰＩ、失業率、株価、地価、公定歩合、80年代以降の主要な出来事の事実関係等

●バブル形成の原因に関する講読文献

①岩田規久男（１９９３）『金融政策の経済学「日銀理論」の検証』日本経済新聞社　第8章

②翁邦夫・白川方明・白塚重典（２００８）「資産価格バブルと金融政策：１９８０年代後半の日本の経験とその教訓」『金融研究』第19巻第４号 pp.１４５-１８６

③吉冨勝（１９９８）『日本経済の真実』東洋経済新報社 第２章「バブル発生のメカニズム」

④加野忠（２００６）『ドル円相場の政治経済学　為替変動に見る日米関係』日本経済新聞社 第３章

⑤大蔵省財政金融研究所（１９９３）「資産価格変動のメカニズムとその経済効果」『フィナンシャル・レビュー』第30号（１９９３年11月号）pp.１-75

（注）上記のほか、日米円ドル委員会、プラザ合意、前川レポートについて報告。また、バブルに関わる次の読書感想を報告：ガルブレイス「バブルの物語」、吉崎達彦「１９８５年」、原宏之「バブル文化論」

●長期経済低迷の原因

⑥白塚重典・田口博雄・森成城（２０００）「日本におけるバブル崩壊後の調整に対する政策対応 - 中間報告」IMES Discussion Paper Series（日本銀行金融研究所）No.2000-J-12

⑦ Alan Ahearne et al. (2002) "Preventing Deflation: Lessons from Japan's Experience in the 1990s" Board of Governors of Federal Reserve System, International Finance Discussion Papers No. 729

⑧バーナンキ・ベン・S（２００１）「自ら機能マヒに陥った日本の金融政策」三木谷良一、アダム・S・ポーゼン編『日本の金融危機―米国の経験と日本への教訓』東洋経済新報社 pp.１５７-１７８

⑨宮尾龍蔵（２００４）「銀行機能の低下と90年代以降のデフレ停滞―「貸し渋り」説と「追い貸し」説の検討」

浜田宏一・堀内昭義・内閣府経済社会総合研究所編『論争　日本の経済危機―長期停滞の真因を解明する』日本経済新聞社 pp.２１７-２４４
⑩堀雅博・木滝秀彰（２００４）「銀行機能低下元凶説は説得力を持ちうるか」浜田宏一・堀内昭義・内閣府経済社会総合研究所編『論争　日本の経済危機―長期停滞の真因を解明する』日本経済新聞社 pp.２４５-２７２
⑪林文夫「構造改革なくして成長なし」岩田規久男・宮川務編『失われた10年の真因は何か』東洋経済新報社 pp.１-16
⑫榊原英資（２００１）「１９９０年代の日米の経済政策をめぐる対立と協調」三木谷良二、アダム・S・ポーゼン編『日本の金融危機―米国の経験と日本への教訓』東洋経済新報社 pp.１７９-１９８
⑬堀雅博（２００９）「アジアの発展と日本経済―外需動向・為替レートと日本の国際競争力」深尾京司『マクロ経済と産業構造』（「バブル／デフレ記の日本経済と経済政策」シリーズ　分析・評価編第１巻）内閣府経済社会総合研究所 pp.１７７-２０８
⑭藻谷浩介（２０１０）『デフレの正体―経済は人口の波で動く』角川ｏｎｅテーマ21
⑮足立真紀子（２０１４）「少子・高齢化が家計部門に与える影響」『みずほ総研論集』２０１４年１号
⑯額賀信（２００５）『需要縮小の危機』ＮＴＴ出版 第2章「忍び寄る需要縮小経済」
⑰公文敬（２００６）『人口デフレは始まっている』東洋経済新報社 第4章「家計部門の需要と経済成長」
⑱吉川洋（２０１１）「少子高齢化と経済成長」RIETI Policy Discussion Paper Series No. 11-P-006

⑲植田和男（２００５）『ゼロ金利との闘い』日本経済新聞社、第8章「「失われた10年」のマクロ経済学」

（注）以上に加え、90年代以降の消費関連データの報告を受けるとともに、白川方明「特殊性か類似性か？—金融政策研究を巡る日本のバブル崩壊後の経験—」ほかいくつかの講演を講読

〈２０１１年度冬学期講読文献等一覧〉

①吉川洋『高度成長　日本を変えた６０００日』１９９７年、読売新聞社、第2章（テレビが来た）、第3章（技術革新と企業経営）、第4章（民族大移動）、第5章（高度成長のメカニズム）

②吉川洋『日本経済とマクロ経済学』１９９２年、東洋経済新報社、第２章（戦後日本の成長と景気循環）pp.55‐115、特にpp.79‐88（高度成長のメカニズムと人口移動の役割）、pp.88‐104（高度成長の終焉、日本経済の変容）

③小峰隆夫『最新日本経済入門（第2版）』２００３年、日本評論社、第2章（戦後日本の経済成長）pp.19‐37

④正村公宏・山田節夫『日本経済論』２００２年、東洋経済新報社、第4章（高成長から中成長へ）pp.１１３‐１５１

⑤南亮進『日本の経済発展（第3版）』２００２年、東洋経済新報社、第5章（工業化）pp.71‐１１６、第6章（資本形成）pp.１１7‐１５１、第7章（外国貿易）pp.１５3‐１８４　戦前もカバー

⑥吉川洋『転換期の日本経済』１９９９年、岩波書店　第1章（１９９０年代のマクロ経済分析）pp.1‐49

⑦ Motonishi, T & H.Yoshikawa "Causes of the long stagnation of Japan during the 1990s: financial or real?" September 1999, NBER Working Paper 7351
⑧ Murtaza Syed et al. "'Lost Decade' in Translation: What Japan's Crisis could Portend about Recovery from the Great Recession' IMF Working Paper WP／09／282
⑨経済企画庁『平成5年　年次経済報告』第2章第4節「資産デフレの諸影響」
⑩内閣府『平成17年度　年次経済財政報告』平成17年7月、第1章第1節「景気の踊り場からの出口へ向けて」
⑪原島求『日本経済失敗学』２００５年、ブイツーソリューション
⑫リチャード・クー『日本経済を襲う二つの波』２００８年、徳間書店　第4章「日本はバランスシート不況を脱却できたか」pp.２１４-２７４
⑬リチャード・クー『「陰」と「陽」の経済学』２００７年、東洋経済新報社　第1章「我々はどのような不況と戦ってきたのか」pp.1-46、第2章「景気回復期に留意すべきバランスシート不況の特性」pp.47-１１３
⑭チャールズ・ユウジ・ホリオカ「日本の「失われた10年」の原因」林文夫『経済停滞の原因と制度』２００７年、勁草書房pp.19-36
⑮杉原茂・太田智之「資産価格の下落と企業のバランスシート調整」原田泰・岩田規久男『デフレの実証分析』２００２年、東洋経済新報社
⑯清水谷論『期待と不確実性の経済学』２００５年、日本経済新聞社　第5章「資産価格の大幅低下と消費・

投資行動―バブル崩壊の後遺症の評価」pp.159-194、第6章「デフレ期待と消費・投資行動―長期マイルドデフレの評価」pp.195-227、第7章「期待成長率の低下と不確実性の増大―将来への悲観論・不透明感が家計・企業を萎縮させた」pp.229-265

⑰第一生命経済研究所『資産デフレで読み解く日本経済』2003年、日本経済新聞社　第1章「デフレの真犯人」第2章「奪われた需要」第3章「デフレの罠」

⑱岩田一政・内閣府経済社会総合研究所『バブル/デフレ期の日本経済と経済政策~我々は何を学んだのか~』第2章「デフレと経済政策」、第3章「長期停滞の要因と対応策」、第4章「バブル・デフレ・長期停滞の時代」

(注)以上に加え、配布した関連データから何が読みとれるか、各人が提示した仮説をデータで検証できるかについて報告

第4章「1ペニーたりとも無駄にせず吸収したい」

──ロンドン大で見た英国の学生たち

1. 在外研究―東洋アフリカ研究学院（SOAS）経済学部

SOAS（ロンドン）での在外研究

2014年夏から1年間、東京大学よりサバティカル（sabbatical leave〈研究休暇〉）をいただき、英国ロンドン大学（大学連合である）のメンバーであるSOAS（School of Oriental and African Studies）に客員教授として所属した。サバティカルに出ることは東大に移って以来希望していたことであった。研究上の調査でロンドンを訪れた際に、20代に留学したオックスフォード大学のかつてのチューターを訪ね、受け入れ可能性を探っていたが、財務省の後輩である金京拓司氏（現神戸大学大学院経済学研究科教授）が博士課程で学んだロンドン大学のSOASも候補の一つであった。調査のために再度ロンドンを訪れた際に、金京氏からの紹介をいただき同氏の指導教員であった経済学部のマチコ・ニサンケ教授（以下、現地で私を含む日本人が呼んでいたように「マチコ先生」と書かせていただく）を訪ねた。マチコ先生は日本の方で大学からは英国で学び、SOASで開発経済学を長く教えておられた。紹介を受け初めてお会いした場で、サバティカル中の受け入れ教員となっていただくことを了承していただいた。サバティカルで在外研究に従事する場合、受け入れ先を探すことが最も重要であり、快く受け入れていただいたマチコ先生には大変感謝している。さらにSOASに魅力を感じたことは、マチコ先生が同僚とともに運営している日本経済の1年間のコースで何コマか教えてもらえるとありがたいという話があったことである。東大では主に国際経済やマクロ概論を担当していたが、２０１１年度以降、学部生対象の演習で日本経済の長期低迷をテーマにとり上げていた。これは、先に記したように、長い公務員生活の中で、１９８０年代のバブル、90年代のその崩壊と金融危機、長期低迷と、日本経済の興隆と急落を経験し、この結果、日本経済は世界経済におけるプレゼンスを急速に低下させたが、果たしてこれは必然だったのかという疑問を持ち、低迷のメカニズムを解明したいと考えたからである。オックスフォードに気持ちが残らないではなかったが、これまでの分析を踏まえて教える機会があるということで、その場でＳＯＡＳ行きを決めた。

"I love teaching"

次にロンドンを訪れた際にマチコ先生及び経済学部長と会食する機会があった。その場で学部長から私が教える予定であった日本経済コースの受講生が少ないため、その縮小を検討しているという話があった。私としては教える機会がなくなるのであれば、サバティカルの所属先の再検討も考えたいと思い、学部長にその旨を伝えた。学部長は、私の申し出に驚き、教えることは好きであるがそれは我々の義務であるからやっているのであってと小さな声で述べ、その場で私が滞在する年には、前年と同様に1年間の日本経済コースを維持することを約束してくれた。今にすると恥ずかしい気持ちもするが（ただし、本心であるが）、日本でも放映された80年代の米映画Dead Poets Society（邦題「いまを生きる」）で熱血教員が口にする"I love teaching"という言葉が口をついて出てきたことを覚えている。その後、日本経済コースのゲストレクチャラーとしての4週間12コマの授業担当、2度の学内セミナーの開催、日本経済研究者の国際的なネットワークＪＥＮ（Japan Economy Network）の立ち上げを行った1年間の客員教授を終え、英国を離れる際に挨拶をしたところ、この学部長は、「あなたが滞在中にしてくれた全てのことにハッピーである」と言ってくれた。

東洋アフリカ研究学院（School of Oriental and African Studies、通称：ＳＯＡＳ（ソアス））は、18のCollege・研究機関からなる大学連合であるロンドン大学（University of London）に所属する大学の一つであり、英国で唯一の地域研究に特化した教育・研究機関である。歴史的には、大英帝国の植民地に派遣する行政官を育成するために設立された学校であり、現在でもアジア、アフリカ及び中近東地域を研究対象とする世界最大の研究機関で、研究対象の地域から多数の留学生や研究者を受け入れ、１００以上の国と地域から正規課程の学生の40％以上を数える留学生が集まる国際色豊かな大学である。日本はＳＯＡＳの研究対象であり、社会科学系の学部で日本の政治・経済の研究を行っている他、日本の言語・文化を研究する学部（Department of Japan and Korea）を擁し、さらに日本研究のための専門研究所The Japan Research Centre（JRC）を持つ。２０１６／

２０１７年度より大学名称として SOAS University of London を使用している。

2. 日本経済コースでの講義

日本の1学期分に近い授業分担

２０１４年の夏にロンドンに到着後、直ちにＳＯＡＳに出頭し、臨時職員証の受領、大学のメールアドレスの取得とネットへの接続、受け入れ教員への挨拶など研究を開始するうえで最低限のことは済ませた。その後は立ち上げ作業に忙殺されたが（そのドタバタ作業については本章末のコラム参照）、８月末にゲスト・レクチャラーとして話をする予定の日本経済コースの担当者とメールで連絡を取り始めた。すると当初の予定に追加がありそうであることがわかってきた。これはある程度予想はしていたし、それもチャレンジではあると同時に楽しみな部分なのだが、負担であることは確かである。

この日本経済のコースの授業構成は、前半（第1学期）は日本経済の通史で、後半（第2学期）は日本経済について、マクロ政策、労働市場等テーマ毎に進められる。各学期は11週間で、1週間の講義は2コマの講義と1コマのチュートリアル（文献購読と討議）で構成される結構インテンシブなものである。新たに要望されたのは、日本経済の通史を扱う前半部分の授業についてである。この講義は、SOASで長く勤めた日本経済史の研究者である英国人プロフェッサー（現在は非常勤）が担当する授業であるが、私に1980年代以降の時期をカバーする3週間分の授業を担当してくれないかとのことであった。これはもちろん無報酬のゲストレクチャラー（ボランティア）である。この時期は、ちょうど私が大蔵省・財務省で行政に携わっていた時期と重なっており、その経験も踏まえてこの数十年を総括することは個人的にも興味深く、また今回サバティカル中の研究テーマである国際金融危機の理解にも寄与すると言え、引き受けることにした。ただ、テーマ毎に行われる1月からの第2学期の授業については、3月に出張で来た折に「バブル崩壊と長期低迷」「デフレと金融政策」といった形で講義とゼミを行っており、それはある程度準備をしてきたが、日本経済史となると新しい内容で準備が必要である。量的にも合計で12コマに及び、日本の1学期分に近い。内容的にもこれまで詳しく調べていなかった1980年代のバブル形成や1990年代後半の銀行危機、アベノミクスについてもとりあげる必要があり、予想を上回るものである。幸い9月ではなく11月から開始で、まだ2カ月ある。早速準備にとりかかった。

授業シラバスがA4で9ページ

授業準備を始めるに当たり、前の年度の例を見せてもらったが、1学期分のコースアウトライン（シラバス）が何とＡ４で９ページもある。そこには、第1週から11週まで週毎に講義のテーマ及び講義をガイドするキー・クエスチョンが提示され、さらにリーディング・リストを記載、チュートリアルについても討議テーマと必読文献が挙げられている。話をするのであれば、講義で取り組む問いを明確に提示できることが最低要件となる。そのためまずは広く文献を読み、どのようなストーリーで講義を構成するかを決めなくてはならない。そこで９月に資料集めから始めた。ＳＯＡＳは学部に日本に係る二つの学位プログラム（日本語及び日本研究）を持ち、アラビア語、中国語、日本語をキー言語とするという大学の方針のもと、約百年にわたり日本語文献の収集を続け、図書館には日本語の文献だけで10万冊（日本語以外の日本関係文献を入れると15万冊）の蔵書があるが、やはりそれだけでは十分ではない。駒場の専攻事務室にお願いをして急遽研究室の書籍を箱一杯送っていただいた。これは大変ありがたかった。さらに、ＳＯＡＳの受け入れ教員のマチコ先生からは、ご自身が使用する週1回程度の授業日を除き、自分の研究室を使ってよいとのお話をいただき、これも大変ありがたかった。毎日、朝6時に起き、7時に、自宅のあるフィンチリー・セントラルという地下鉄の同じ駅で逆方向（郊外）にある現地校に通う娘を送りつつ、そこから30分ほどのラッセル・スクウェアにあるＳＯＡＳの校舎に向かい、朝8時頃から資料を読み始め、昼は自宅で作ったサンドイッチを研究室で済ませ、暗くなる5時頃まで資料を読み講義用スライドを作る作業を２カ月近く続け、幸い11月下旬の担当授業開始までに第1、第2学期合計4週間（12コマ）分の講義・演習用資料の作成を間に合わせることができた。

創作物への強い意識

学期が始まり、私の担当する授業日が近づくころに、一緒に講義を担当している既に退職された日本経済の研究者である英国人元教授から自分の講義を聞きに来ないかと誘われた。授業の接続を図る上でもありがたいお話である。早速出かけたが、開始時刻に少し遅れ配布資料に基づき説明を始めたところであった。配布資料をもらえるかと元教授に聞くと"If you wish."としつつ、「これはまだ公表していないものだ」と言って1部手渡してくれた。講義は進んでいったが、教卓に座る元教授は講義をしつつ、何か手元でしきりに資料を数えている。何をしているのかと思うと、最初に配布した資料の説明は終わり、まだ時間があったため、次の資料が配布された。先に講義をしながら数えていたのはその追加資料だったようだ。私は一番後ろに座っていたのであるが、追加配布資料は私の前に座っていた学生のところで終わりとなった。追加資料が私のところまで回らないように数えていたことは明らかであった。元教授は何事もなかったかのように講義を続けた。かつて、国際機関に勤めている友人が一時日本の大学で教えていたが、あるテーマについて講義をしたと聞き、講義資料をもらえないか聞いたことがあるが、概要以上のものはもらえなかった記憶がある。これは欧米などでは当然のことかもしれない。講義資料は各研究者の創作物であり、簡単に他人に提供するものではないということかと思われる。ＳＯＡＳの元教授はその後学生と共に自宅でのパーティに呼んでくれるなど厚意を示してくれ、決して変わった先生というわけではなかった。むしろ自分や他人の創作物に対してそこまでの意識を持たない自分たちの方が変わっているのかもしれないと思わせる出来事であった。

授業の順調な進行

その後、自分の担当する授業が始まり、順調に進んだ。日本経済史を扱う第1学期（9～12月）の最後の3週間において、１９８０年代以降現在までの期間を担当し、①"Formation of a bubble and its collapse", ②"Long stagnation（１）: Collapse of the bubble, initial adjustment and the financial crisis", ③"Long stagnation（2）: Impacts of financial crisis, Long recovery, External shocks and Abenomics"と題する講義(6コマ)及びセミナー(3コマ)を行った。日本経済に関わるトピック別講義により構成される第2学期（1～3月）においては、④"Macroeconomic policies under the chronic deflationary pressures"について講義(2コマ)及びセミナー（1コマ）を行った。熱心で優秀な学生もおり、刺激的な経験となった。

受け入れ教員となってくれたマチコ先生はほぼ毎回授業に同席してくれたが、私の用意したスライドの多さに驚き、「1回の授業に100枚のスライドを用意する人は初めて見た」と述べていた。前年にこの時期（80年代以降）の日本経済の講義を担当したSOASのサトシ・ミヤムラ先生も「自分が用意した3週間分の分量を1回でやるのですね」とあきれていた。ただ、この時に用意したスライドが帰国後に日本経済の長期低迷に関する著書をまず英語で書くに当たり非常に役に立つことになった。

3. 大学の成績が人生を左右 ―英国人の大学教育に対する意識と日本との違い

英国の学生は熱心に勉強するのか

日本経済コースの授業をほぼ終えた頃であろうか、英国の大学生の大学での教育に対する意識を知りたいと考えるようになった。第1章で初めて大学の教壇に立った地方の大学で私語に悩まされ、学生が単位取得、ひいては進級ないし卒業には関心があるが、授業内容の習得には必ずしも関心がないのはなぜかという疑問をいだいたこと、さらには当時はまだ社会科学系の大学院に進学することは研究の道を選ぶ（他の道はむしろ狭まる）ことに近い印象があったが、学部で学ぶことをさらに高度に推し進めることが社会に出る選択肢を減らすということは、我々は社会に役に立つことをしていないということを意味するのだろうかという疑問を持ったことに触れた。

幸い東大に移ってからは私語に悩まされることはなく、進学振り分け制度もあり、１、２年生の勉学意欲（高得点獲得意欲）は極めて高かった。ただ、私の属した駒場の後期生は意欲の高い学生が多く楽しく教えていたが、それが文系の後期生全体あるいは日本の文系大学生に全般的に言えることなのだろうかという疑問はあった。司法試験や公務員試験などの試験あるいは大学院進学を目指す学生を除き、単位取得でなく授業内容の習得をどれだけ多くの学生が目指しているかは不明のように思われた。長期経済低迷に伴う就職状況の悪化で日本の学生の勉学意欲も以前とは異なり高くなったとの話も聞いていたが、依然として、どうすれば我々の授業が単位取得を超えて学生の人生にとって意味のあるものとなりうるのかについては、私個人としてはなお納得のいく解答を得られていなかった。

サバティカルでの滞在中の授業に加え、その前年にも出張の機会にゲストとして話をしたことから通算２年にわたりＳＯＡＳでは授業をしたが、熱心に受講する学生が目についた（ただし、これは全員ではなく年によるばらつきもある）。外国の大学で教えるのは初めてであり、限られた経験であるので、一般的な印象を引き出してはいけないが、英国の大学には熱心に授業内容を習得しようとする学生がそもそも多いのか、単に偶然なのか、疑問が残った。

熱心な勉強を支える理由として考えられる要因

学生が熱心に受講するとすれば、それをもたらす要因として考えられるのは、次のようなものであろう。

①そもそも授業内容に関心を持つ学生が受講している（自律説）

②授業内容の習得を強いる仕組みがある（他律説）

③授業内容を習得するとメリット（例えば就職に役立つ）がある（実益説）

もちろんこれらは相互に排除しあうものではないが（例えば①と③）、日本の理系では、②、③がかなり妥当するようにも思われる。学生が授業内容の習得に意欲を持たない状況は、①〜③が全て不在と思われる。関心もなく実益もない授業で、内容に関心を持たなくとも問題とならないという、自発性もアメもムチもない状態である。

英国の若者達はどのような学生生活を送ったのか

英国の大学生はそもそも熱心に勉強するのか、仮にするとすればそれはなぜか。これを実際に検証するのは容易ではないので、サンプル的にインタビューないしアンケート調査できないか考えた。たまたま30年以上前の留学時代の卓球仲間の英国人に話したところ、英国の大学で学んだ彼の会社の取引先の若者にアンケートを回してくれた。回収は1桁で統計的に意味のあるものではないが、それぞれが自分の人生の選択にまで踏み込んだ丁寧な回答を寄せてくれ興味深い内容であったのでこれを紹介する。

〈英国の大学生は一般的に熱心に勉強する〉

まず英国の大学生がコース科目を熱心に勉強するかどうかについて過半の回答者はそうである（一般的に熱心に勉強する）と答えている（最初の半年と最後の1年は特にそうだという留保付きの回答もあった）。単位さえ取れれば良いという話はジョークに出ることはあっても実際にそうする学生はまずいない、とにかくファースト（最優良の成績）を取るために必死で勉強したとしている。

〈高い授業料は自分で払っており、勉強しなければ意味がない〉

なぜ熱心に勉強するかという問いへの回答は、年間何千ポンド（私が所属したＳＯＡＳでは学部で英国・ＥＵ生は年間９０００ポンド〈当時〉。1ポンド１８５円換算で約１６７万円。ＥＵ以外の留学生は1万６０９０ポンド。同約２９８万円）もの授業料を払っており一生懸命勉強しないのは経済的には意味がないという答えに集約される。学費の手当てについては、裕福な家では親が出すこともあるが、多くの者は（全額ではない場合もあるものの）政府の学費融資やアルバイトなどで自己負担しているとする。驚いたのは回答者の1人（女性）はこの秋からマチュア・スチューデント（25歳を超える成人学生）として大学に戻ることにしたが学費が高いので自分のマンションを売ったそうだ。大学に戻ったら「1ペニーたりとも無駄にせず吸収したい」と書いていた(大学の休業期間が長いことを嘆いてもいた)。なお、回答者の中で1人だけコース内容に関心を持てず熱心に勉強しなかったという人がいたが、その人は学費と住居費は親が出してくれていたと回答している。

なお、話がそれるが、エジンバラ大学に招かれてセミナーを行った際（巻末「追想」参照）に、学費自己負担の問題に関連して、米国からの留学生から日本の大学に対する苦情を言われた。彼は日本に関心があり日本の大学への留学を希望していたが、学費を銀行から借りるためには留学先の大学が米国の教育省（Department of Education）に登録していなければいけないが、日本の大学で登録しているところが少ないそうで、やむなく学費の安い日本をあきらめ英国に来たと強い不満を述べていた。事実であるとすれば惜しいことである。

〈勉強内容と仕事内容との直接的リンクは少ない〉

話をアンケートに戻すと、自ら大きな経済的な負担を負っても大学に行こうとするのは、そこで得たいものがあるからであろうが、それは何であろうか。一番わかりやすいものは就職につながるということである。しかし、コース科目を熱心に勉強するのは就職に直結する内容だからかという問いに対しては少し意外であったのだが、否定的な答えが多かった。医学部や法学部等一部のコース以外はその内容と就職先との直接的リンクはないと答えている。ただ、前出のマンションを売った女性の場合は、コース（社会科学分野）に係る専門的な理論（決して一般的な知識ではない）とともに実際的な技能を半々で学んだと実益説を否定しておらず、しかも最近ではより就職に関連した分野を学ぶ学生が多いとしている。ちなみに在英時のＢＢＣのニュースによれば大学進学者40万人中最も多い進学先はビジネス専攻の５万人弱だそうであった。

〈コース内容に関心のある学生が入学する仕組みがある〉

他方、複数の回答者は、就職に直結するものではないコース内容を熱心に勉強する理由として、選んだコースに対する知的な関心を挙げた。これについては当初回答者が哲学や英文学という実務とは距離のある分野を専攻したためではないか（一般的な傾向ではないのではないか）と思ったのだが、どうもそうではないようである。欧州に長く住み、お子さんを全て英国の大学に進学させた日本人の友人に聞くと、英国にはコース内容に関心のある学生が入学する仕組みがあるという。つまり英国の大学学部への入学願書は個々の大学に直接出すのではなくＵＣＡＳというわば総合願書受付機関に提出する。そこには最大五つの大学まで出願できるが、自分がどれだけ強くその科目を勉強したいと思っているかなど志望動機を記述するパーソナルステートメントは一つであり、従って同じ学部または関連学部に願書を出すことしか考えられないそうだ。さらにお子さんが口頭試験を受けた大学ではやはり志望動機と適性が審査されたそうである。こうした仕組みの下では、日本のように特定の大学に入りたいため、関心の有無を問わず受験可能な全ての学部に願書を出すという行動様式は考えられず、その結果として、そもそも教室には授業内容に関心のある学生が座っていることになると言う。教員もそれに応えてか、大半が良く準備された、学生の関心を引く授業をしているとお子さんから聞いているそうである。

〈大学の成績は一生ついて回り、悪い成績は就職に不利〉

このように、アンケートへの回答を見ても、友人の話からも、内容的に仕事との直接的リンクの少ない（直接的実益は少ない）コースを含め、そこで学ぶ学生には知的関心に基づく自律メカニズムが働いているように思われる。しかし私が疑い深いのかもしれないが、これが全てであろうかという疑問が残った。大学で熱心に学ぶことに仕事や就職とのリンクは本当にないのだろうか。アンケートへの回答を良く見ると、コース内容が直接的に就職にリンクすることはないとしつつも、多くの者はそれなりに尊敬される（"reasonably respected"）政治学や英文学の学位を取ったうえで他の分野で就職する、コース・ワークで良い成績を収めることが課題への対処力を示すことになる、雇う側はコース内容よりもコースを通じてどのようなスキルを身につけたかを重視するといったことが書かれており、広い意味で大学での勉強と就職とのリンクを否定しない考えが示されている。特に回答者の1人は"power of the "2.1""（アッパー・セカンドの力）を指摘し、"2.2"（ローワー・セカンド）または"3"（サード）を取ると、卒業に苦労した、あるいは時間を浪費したサインとなり、就職が難しくなるという回答している（ファーストをA〈優〉

とするとアッパー・セカンドはB+〈良上〉、ローワー・セカンドはB−〈良下〉、サードはC〈可〉ということになる)。前述の欧州居住の友人に聞くと、これは事実のようである。大学卒業時の成績は一生ついて回る（履歴書にも必ず書く）そうで、デーヴィッド・キャメロン首相（当時）はファースト、マーガレット・サッチャー、トニー・ブレア両元首相、ジョージ・オズボーン財務大臣（当時）はアッパー・セカンドなどと広く知られているようだ。確かにオックスフォード留学時代に教官たちが若手の研究者について「彼はケンブリッジでダブル・ファーストを取っている」といった話をしていたことを思い出した。やはり大学で熱心に学ぶことは実益があるのである。

〈**大学の規律も非常に強い**〉

さらにアンケートには、先に②にあげた他律メカニズム（授業内容の習得を強いる仕組み）についても触れられている。それによると、英国の大学の履修プログラム上、一定の授業への参加やその習得度が期末試験やリサーチレポート提出を通じて学期ごとにチェックされるので勉強しなければコースから放り出されるとのことである。先の友人のお子さんが行ったケンブリッジ大学の場合、学生の勉強の進度を教授が把握しており、勉強についていけない学生はスポーツ活動を止められたり、極端な場合は大学から追い出されかねない（留年はない）ということで皆必死に勉強していたとのことである。

勉強への規律を確保する仕組みが導入されている

この最後の大学における学習への規律付けという点についてもう少し理解するために、所属していたSOAS経済学部の学年末の試験の出題と採点の仕組みについて同僚のミヤムラ先生に尋ね調べてみた。

〈学年末試験問題作成は内部・外部で何重にもチェック〉

まず学年末試験の出題については、各コースの教員が問題を作成し事務に提出とここまでは日本と似ているが、その後のプロセスはまったく異なっている。提出された問題は、学部内の教員で構成する審査会議(scrutiny meeting)の審査を受ける。ここでは出題意図の明確性、コースのレベルに適当な内容であるか、他の試験や過去問・学期中のエッセー・テーマとの重複がないか等が委員全員によりチェックされ、必要に応じて問題の修正が提案される。さらに試験問題はロンドン大学の外部(SOASはロンドン大学の一部である)の外部試験委員(visiting examiner)のチェックを受け、英国の他の大学の同様なレベルのコースとの比較などが行われ、必要に応じ変更の提案が行われる。このようなプロセスを経て全ての試験問題が適切であると確認されると、外部試験委員と採点を行う委員会の議長がサインをして試験問題が完成される。

〈採点は複数教員が実施、学外委員もチェック〉

採点については、学部内の教員2人(そのコースの担当者や内容に詳しい者が学部長により指名される）が第1及び第2内部試験委員としてそれぞれ採点を行い、その後両者で話し合い合意点数（agreed mark）を決定する。両者の採点に大幅な違い（例えば5％以上の差）があるときなどは、外部試験委員に送付され裁定を受ける。外部試験委員の主たる役割は内部教員の採点が英国内の他の大学の採点基準と比べて適当で一貫しているか確認することで、採点の変更を提案することができる。かってＳＯＡＳの日本経済コースで客員教授として教えた日本人が外部試験委員から採点した回答間の点数の違いについて説明を求められ、まるで自分が面接試験を受けているような気持ちになったと述懐していたことを思い出した。まるで入試のような厳格な学年末試験を毎年通過しなくてはならない学生はかなり強い規律付けの下に置かれていると言えるが、これは、うまく機能しているかどうかは別として、英国の大学に標準的なシステムのようである。

右記をまとめれば、英国の学生が熱心に勉強するとすれば、それはまず第一にコース内容に関心の高い学生が入学する仕組みがあること、第二に学期を通じ入試に匹敵するような厳格な評価の仕組みがあり、規律付けが行われていること、第三に社会が低いグレードの成績を受け入れないという認識があることが挙げられると思う。また日本と異なる大きな背景として自らコスト（授業料）を支払っている場合が多く、従ってそれから得るもの（知的関心の満足や良い成績での卒業という成果）を求めている度合いが強いことも指摘できよう。コースでの勉強内容が就職に直結することは予想されていない（内容面で直接的な実益があるとは言えない）。

日本の大学教育への示唆
〈大学教育の位置づけは日本と異なる可能性〉

ここから日本の大学教育（特に文系分野）について何を引き出せるのだろうか。まずそもそも社会における大学教育の位置づけが異なるのかもしれない。すなわち、日本の社会は入試で測られる基礎能力に多大な信頼を置いている（逆に言えば大学で行われる訓練にはそれに比べれば関心が薄い）ように見えるのに対し、英国は大学で行われる能力訓練を評価しているように感じる。仮に社会が知的訓練は入試までで良いと考えているのであれば、大学教育はいらないことになってしまう。大学は勉強以外の経験のための4年間のギャップ・イヤー（大学入学前に社会体験活動などを行う猶予期間）であるという（皮肉な）見方もあるかもしれないが、入試で測られるものを超える知的な力が社会に不要とは思えない（我が国が他の先進国並みの所得水準を維持できるか〈すでにあやしくなってきているが〉はそこにかかっているように思う）。そしてそれが実学（例えば司法試験、会計士試験に有用な学習あるいは生産現場に近い理系の学習等）ではなく、就職とは直接的関係の薄い専門（例えば、政治学や文学など）を土俵に行われていること、そこでの学習成果（コースでの成績）が研究の場でなく実社会でも「それなりに尊敬される」ようであるところに我が国との相違を覚える。専門の内容に関わらず大学での成績が重視されていると すれば、専門は場に過ぎず、そこで鍛えられる別の能力が評価されているということかと推測さ れる。それは汎用性のある力と言うことになるが、果たしてそれは何であろうか。これは私の推 測になるが、既存の知識の吸収と再生産を超えるところで訓練が行われるところに大学教育の特 質があるとすれば、それは答えの定まらない問いに対し（問い自体にコンセンサスがないことも あろうがそうした場合には問いを識別したうえで）、自分で解を見出していく力、考える力といっ たものが評価されているのではないかと思われる。

我が国の経済がキャッチアップ過程にあり、先進技術の吸収や改善といった課題が明確であり、 また企業も大企業は終身雇用を基本とし組織固有の技能習得を重視していた時代に求められてい た訓練が、既存知識の吸収と応用の力であったことは合理的であり、そうした基礎力を大学入学 段階で測ることも合理的であったのかもしれない。しかし我が国がフロントランナーの一員とな り、直面する課題の解決手法が明らかでないことはもちろん、何が課題であるか自体が明確でな くなり、さらに雇用の流動性が次第に高まり企業が内部訓練型の人的資源育成のウエイトを下げ てくる（派遣労働の拡大等に現れている）につれ、日本社会が学校教育を終えた人的資源に求め る力も変化を迫られてきている可能性がある。従来から重視されてきた知識の吸収力・理解力、 再生産力といったものは、今後も基礎能力の重要な要素として意義を有すると考えるが、それと同時に課題発見型・課題解決型・発信型の能動的な力（一言でいえば自分の頭で考える力）を訓練する必要性が高まってきているように思われる。これは、特に、AIが急速に進歩し、その能力が知識を整理・集約し活用するといった人間の知的活動の重要な部分にまで及び、例えばChat-GPTを使えば与えられた問いへの解答や所与のニーズに対する提案の提示などこれまで人間にしかできないと思われていた知的な作業が極めて短時間で行えるようになりつつある現在、若い人たちがAIに代替されずAIを道具として使う（AIを超える）キャリアを形成するうえで、不可欠の課題となってきていると思われる。

〈若者の自立のタイミングも日本と異なる可能性〉

話が大きくなってしまった。こうした大学教育の社会での位置づけに大きな相違はあるが、英国の例から授業内容の習得に熱心で、厳しく学ぶ学生を生む制度政策面の示唆はあるだろうか。ここでもそもそもコース内容に関心のある学生が入学する仕組みを設けるという大きな話が考えられるが、これは我が国の教育全体あるいは社会のあり方に関わり単純な話ではない。英国では大学の学部から仮入学のオファーがあると、条件として特定の科目ごとにAレベル（16歳までの義務教育終了後の2年間（シックスフォームと呼ばれる）の高校教育中（大学進学前）に受ける全国統一試験）で何点取るようにという指定があるそうで、学生は大学進学を考える場合早い段階から将来の進路を考え、高校でどの科目のAレベルを取ることを目指すか考えることになる

（高校での科目選択とその勉強が大学の学部選択および受験とオーバーラップしており、日本のような別途の大学受験勉強という形はとらないそうである）。先に英国の大学には授業料など学生生活の維持に必要な資金をもっぱら自分で調達する学生が多いことを紹介したが、これも合わせて考えると、英国の社会は若者の自立のタイミングを我が国よりも早い時点に置いているのではないかと感じられる。彼の地では大学は自立を始めた若者が行く場所なのかもしれない。

〈より現実的な改革策〉

また話が大きくなってしまった。この点もとりあえずおいて、既存の社会構造を前提に学生の自発性を高める、すなわち前述の自律メカニズムや他律メカニズムなどを何がしか強化するためには、何ができるであろうか。まず、第一に、大学での教育が社会や学生のニーズ・関心に応えるものとなっていることが重要であろう。前記のアンケートには、英国の大学ではコースが細分化され自分の関心にあったコースを選べるという回答があった（実際ＳＯＡＳの社会、人文、語学系学部の degree のとり方は３５０もあるという）。我が国の大学のコース編成や授業内容も世の中のニーズの変化に応じて常に見直し変化させていくことが不可欠だと思われる。

第二に、他律メカニズムについては、コース内容の習得をきちんとチェックする学習の進行管理の仕組みが必要と考えられる。ＳＯＡＳでも講義と演習の週3コマ（1コマ60分）の組合せによるインテンシブな教育、学期ごとのリサーチレポートの提出、期末筆記試験等を通じ、コース修了者の厳格な品質保証が図られていた。出席が5割を切ると期末試験の受験資格がなくなりうるというルールもあった（講義も出席をとっていた）。これらの点は大きく言えば入口の定員管理から出口の水準管理への大学教育の力点のシフトを示唆すると言える。

さらに第三に社会がそうした実態を評価すれば大学の成績がより大きな意味を持つこともありうるであろう。コース内容が就職と直結することは少ないかもしれないが、教員や他の学生との相互作用の中で行われる学習作業を通じて、問題の把握と原因の分析、解決策の模索と発信など、自分の頭を使った知的な面での厳しい訓練が行われることは就職など社会に出るに当たっても評価されることであり、その意味で彼らの人生に関わりのあるものとなると考えられる。つまり、受講生に研究者志向がなくとも（そのケースの方が多いであろう）、また専門が社会と直結する分野でなくとも（これもまた多いであろう）、大学での教育はそれぞれの専門分野を訓練の場として受講生の知的な力（自分の頭で考える力）の引き上げに寄与しうるものであり、それが（研究及び研究者養成とともに）大学が社会に対して果たすべき役割ではないかと思われる。

日本においても、課題中心・自己発信型授業の充実等を通じ、厳しく学びかつ鍛える場として大学をさらに強化していくことは、教える側にとっても厳しい話であるが、若者の将来、本来成長産業となりうる大学の興隆、さらには日本の再生のためには重要な作業ではないかと考えている。この問題については最後の第6章でとりあげたい。

4. SOASでの1年の総括

SOASでの1年間は、生活立ち上げ作業、ゲストレクチャラーとしての授業の準備、研究の遂行（コラム及び巻末の追想参照）と極めて盛りだくさんであり、東大で過ごした約13年の中で最もきつい1年であった。帰国後そうした感想を述べたところ同僚の先生からは「そんなことはないでしょう」と本気にされなかったが、長年のテーマであった国際金融危機への対応に関わる研究を進めるとともに、英国の大学で講義、演習を行い、後に3冊（和文2冊、英文1冊）の著書を執筆する重要な足がかりを得たという点で、教育、研究面で大変に充実した1年であった。さらに、大学での学習が学生の人生に持つ意味について、日本と異なるものを知ることができたというところでも大きな成果を得たと言え、機会を与えていただいた大学および同僚には感謝している。

コラム　異国での生活立ち上げ「大学教員はホームレスか?」

東大に移り10年を経た2014年夏より1年間のサバティカルをいただき、ロンドンのSOAS で研究を行うこととなった。

ロンドンでの住宅探しの開始と当初の懸念

2014 年8月1日、まずは単身でヒースローに到着、ロンドンの北西部やや郊外（東京で言えば赤羽の先辺りか）のホテルにチェックインし、翌日から住宅探しを始めた。東京にいる間にロンドンの日系不動産業者2社にメールでコンタクトし、物件探しを頼んであったので、翌日からフル回転し、家族（家内と11歳〈当時〉の娘）が到着する8月5日までには目星をつけることができるのではというもくろみであった。

ただここで一抹の不安を覚えたのは、日系不動産業者の一つが、出発前によこしたメールである。大学教員がサバティカルでくる場合、英国での給与がないので、家主は1年ないし半年分の家賃の前払いを要求することが通例であるのでご承知おきいただきたいとのこと。1年分の家賃となると、デポジット（敷金）も入れると3～400 万円にのぼる。当初1ベッドルーム（1ＬＤＫ）でも良いと言ったのだが、家主が人数が多すぎると拒否するだろうと言われ２ベッドルーム（２ＬＤＫ）としたのだが、ロンドンの中心まで地下鉄で40分程度のところで月に25〜30万円（1ポンド＝１８５円換算）がごく普通の２ＬＤＫの家賃であり、家賃水準は高い。

立場はホームレスと同じ

さて、1年ないし半年の前払いとなった時、どうすればよいであろうか。日本でのトラベラーズ・チェックの発行は２０１４年3月末で終了しており、現金はリスクが高いので、送金を考えた。ある外資系銀行に聞いたところ、日本で口座を作れば、オンラインバンキングでロンドンの口座への送金も行える（現金も一定の限度で現地で引き出せる）とのことであった。送金先口座さえ作れば、ロンドンにいながら、その口座に日本の口座から送金してポンドを貯めることができるという便利な手段である。これで1年分の家賃前払い問題も解決かと思ったのであるが、念のためロンドンで口座を開くための要件を英国へのサバティカル経験のある先生方に聞き、また自分でも調べてみた。すると英国における住所(permanent address）という項目があり、その証拠書類として公共料金や税金（Council Tax（固定資産税に相当））の請求書など自宅に郵送された書類が必要とある。つまり、口座を開くためにはpermanent addressが必要で、permanent addressを持つ（住宅を借りる）ためには巨額の前払いが必要で、それを得るには口座がないといけないという出口のないループに入り込んでしまった。実は巨額の前払いをクレジットカードで払うという手段はあるのであるが、その場合3.5％の上乗せが必要であるという（これは少ない額ではない）。業者は「お医者様や弁護士は皆そうされています」というが、医者や弁護士と一緒に扱っていただいても先立つものの不足しがちな大学教員にはあまり関係がない。ここに至り、昨今日本で住所がないと仕事に就けないというホームレスが陥る困難な状況（これぞ貧困の罠だと思うが）を思い出した。大げさかもしれないが、「そうか大学教員は異国ではホームレスと同じなんだ」と感じ入ることとなった（役にも立たない感慨であるが、住宅を見つけるまでは実際にホームレスであることは間違いない）。

モノがない!

家族が到着する前に日系2社に見せてもらったが、どちらも2～3の物件を見せるのみで、まず選択肢の少なさに驚いた。これはいけないと日系の不動産会社をさらに追加し、紹介を依頼した。それでも各社1～2の物件にとどまり、(娘の通学を考え)地下鉄の駅に近く、さびしい夜道を長く歩かずに済む立地の物件はなかなか出てこない。

これはさらにまずいと考え家族の到着の前々日の日曜日を丸一日ネットでの物件探しに充て、良いと思った物件を日系の業者に話して仲介してもらえないかと頼んでみた。業者に払う手数料（150～200ポンド程度）は二重に払ってよいからと言ったが、日系業者の言うところによると、他の業者の扱う物件を扱わせてくれと頼んでも、多くの場合断られる、なぜなら商売（英国では賃借り人からでなく、家主から年間賃料の10％をとることでこの業界が成り立っているようで、道理で不動産業者が家主寄りになるはずである）を折半しなくてはならないからである、とのことであった。

これを受けて、家族到着の前日に方針を転換し、住みたいと思う駅の街角不動産屋をしらみつぶしに訪ねることにした。一つの駅だけで7～8軒は業者を当たったであろうか。ところがここでわかったのは、我々の望むような条件を満たす物件が絶対的に少ないことである。言下に「ない」と言われるところもあり、あってもせいぜい1件という状況である（これは時期の問題もある。夏休み前に多くの人が移動を完了し、マーケットに入ってくる物件が少ないため、在庫が薄いのである）。

迷走の開始

そこに家族到着の当日午前中に救世主のように現地不動産屋から今日出た物件というもの

を紹介された。駅近で、きれいな物件であり、予算は少しオーバーであるが、これが最高ということで家族が到着した翌日の朝一番に見せてもらった。これは良いということで、家賃の若干の引下げを条件に申し込みをした（家賃交渉はほぼ必ず行われるもののようである）。ここで決まればよかったのであるが、その日の午後に既に他の業者の物件の内覧をアレンジしていたために、夕方にはわかるという家主の回答を待つ間にそれらを見ることにした。これが迷走の始まりであった。

午後の物件は若干郊外の物件が含まれていた。そもそも娘の通学を考えても、夜道が怖いという家内にとってもあり得ないだろうと思ったが、少し見ないと決まるまいということで見せてもらうことにしていた。これが甘かった。見せてもらうと、家内と娘までもがここに住みたいと言い出した。駅も周辺も人通りが少なく、冬などは3時半には暗くなるので無理だといったのだが、家族は物件のきれいさと広さに目がくらみ、駅から近い（確かに2分とかからない）から大丈夫と譲らない。家に長くいるのは家内であろうからやむなしという気持ちに傾き、申し込むにはどことどこは直してくれなど家賃以外の条件もはっきりする必要があるため、もう一度内覧する必要がある。最初の内覧を終えそうした方針を決めた後、また業者に電話し当日の夕方に2度目の内覧を申し入れたが、担当者が同日の2度目の内覧に難色を示した（もう帰宅したかったのかもしれない）。結果として郊外物件の2度目の内覧は翌日午後となった。

先ほど書いたようにすでに午前中に駅近物件に口頭申し込みしており、結果的に二股かけとなってしまったわけであるが（よくある話であるようだが）、その日の夕刻に申し込みをしていた住宅の家主の返答を聞きにいった。すると、我々の申し込みの内容では、ＯＫとならないという返事である（基本的に家賃で若干差があった）。これ幸いと持ち帰り検討することとした。その夜は郊外物件でうきうきしている家内と娘とで祝杯を挙げた。ところが……。

翌日午前・午後と他の業者に見せてもらった後、当該郊外物件の前で業者と待ち合わせたところ、業者が車で待っており、連絡しようとしたがつながらなかった（その時点ではまだ携帯電話を購入していなかった）、物件のオーナー（中国系の女性とのこと）から親類に貸すことにしたとの連絡が朝入り物件がつぶれたとのこと。あぜんとして落胆する家内と娘を市内のカフェに連れて行き、善後策を検討したが、こちらも正式に申し込みをしていたわけではないので、改めて申し込みをしたい旨伝えて、もう一度家主に貸す意思があるか最終確認してもらおうという結論に達した。ところがまだ携帯電話を買っていなかったので、業者に話を伝えるには公衆電話があるが、先方からの電話を受ける手段がない。やむなくカフェの老オーナーに聞いてみた。すると快くカフェの電話番号をくれ、電話してもらってよいという。英国には親切な人がいるのは確かである（ほかのケースでも感じる。家内向けにバスマップを探していたら、自分のものをくれたご婦人もいた）。この電話番号を持って、公衆電話を探して機能しているものを使って（30年以上前から2台に1台くらいは動かない）、担当者に電話したが、外出とのことで携帯電話番号は教えてくれないので趣旨を伝えてもらってカフェに電話してくれるように言づてをした。ところがカフェで待てど暮らせど電話が来ない。5時半の閉店の時間が近づき、掃除が始まる。もう一度公衆電話に走り、業者に電話。同じ人が出て、何度聞いても担当者はまだ戻っていないとの返事に思わず腹が立ち、電話があったことは担当者にしてくれたのか（yes か no か）、内容は伝えてくれたのか、と詰問してしまった。話は伝えたとの返事にまたカフェに戻ると、しばらくして担当者から電話があり、家主と話はした、貸すことを約した親類と話さなければいけないが、時差の関係ですぐにはできない、翌金曜日は出張で、その担当者の休日でもあるので（こちらの理由が大きかったのであろう）、土曜日正午までまってくれとの話。丸1日半おくということは、それだけ他の物件がなくなるということで、リスクのある話である。しかし家族が気に入っている以上、選択の余地はない。了解し、当日は早く寝る。翌日他の業者の物件を見てあまり気に入るものはなく、土曜日の午前中も別の物件を見るがピンとくるものがない。物件内覧中に電話（携帯をようやく購入した。20ポンドの本体に20ポンドのSIMを入れると４００分〈1カ月有効〉話せるという便利なもの）が鳴り、家主が断ってきたとのこと。予想を裏切る（たぶん乗ってくるだろうと読んでいた）展開にがくぜんとする家内もどうしようもない。

住宅バブル的な中で再度翻弄される

週末に体制をどう立て直すかネットで物件探しをしながら検討したが、駅の範囲を広げて不動産業者をしらみつぶしに探すしかないという結論に達した。ロンドンの住宅市場は分断されており、家主が頼んだ特定の（複数でありうる）不動産業者以外は物件の紹介ができないので、手間はかかるがこれは結構有効な方法である（同時にネットで最新の物件情報は把握するようにした）。新たに選択肢に入れた駅の近くの不動産業者を5～6軒回ったところであろうか、一つの業者が見せるものがあると駅から少し歩く物件を見せてくれた。これが非常にレベルの高い物件で、広くてきれいで眺めが良い、人気マンションの4階である。家内も娘も喜んでいる。真剣に検討すると業者に話しもう一度翌朝の内覧を予約し、駅から少し距離があるのでその夜9時過ぎに実際にホテルからその駅まで地下鉄で行き、駅から物件まで歩き家内が夜でも大丈夫との感覚を得た。さて翌朝、さあ今日は決めるぞと勢い込んでいると業者からホテルに電話があり、前日他の人が家主の言い値（我々には少し高かった）で手付けを打ってしまい、取られたとの話。落胆し座り込む家内にかける言葉もない。事ここに至り、家内もマーケットの厳しさを実感した。土地を知らず軍資金も少ない大学教員が土地勘を持つ現地の人と競争するのは所詮無理であるということである。こちらの人は相場観があることから、このロケーションで、この物件であれば良いという判断がすぐでき、その場で手付けを打っておさえてしまうようである。日本のバブルの末期に恵比寿の近くに坪1000万円で売りが出たと聞くと物件を見ないで買いを入れたという話を業者から聞いたことがある。それを思いだささせるバブル的な現象である。

空いていた!

この期に及んで、最初の物件に戻ることにした。奇跡的に空いていた。それはまさに偶然であった。前の週末に我々より高い家賃で申し込みがあったが、カップル＋大人1人というわばフラット・シェアであり、そのフラットを大事にしている家主が断ったため残っていたそうである。本当にありがたかった。ただこのフラット・シェアあるいはハウス・シェアという手法は学生ばかりでなく、社会人に普及し始めているようで、今回の住宅探しの過程で現地に住む日本人の何人かから会社の秘書など現地の人はここで見つけているよとフラットやハウスシェアのマッチングサイトを教えてもらった。ロンドンの不動産価格（家賃）上昇で住宅難民化している現地の若い人たちの対応策のようだ。

いずれにしても幸運に感謝し、業者も大車輪で我々を2日後には入居させてくれ（家賃の前払いもぜずに済んだ）、到着後16日目にようやくフラットに入居することができた。

さまざまな人に会った

この過程では、さまざまな人に会った。業者にも（もちろん我々にも）事前に家賃を言わずまずは見に来いとして現場で高値を吹っかけてくるイタリア人女性の家主（家族は「強欲おばさん」と名付けた。ベッドに座った娘に「まだあんたのものではないよ」叱りつけていた）。紹介しようとした物件を既に見たと言うと、大変に怖い顔をして「この物件はすべて俺を通すことになっている。それはどいつだ」と尋ね私がビジネスには介入したくないと言うと「ああわかった、あいつだろう」などと敵意をあらわにするインド系の男性業者。希望と全く異なる物件（駅近できれいな物件と言っているのに、辺鄙なところに連れて行かれ、外のドアが破れているあばら家のような家〈中はそれほど汚くはなかったが〉を見せられた時はあぜんとした）を粘り強く見せようとする気の良いインド人のおばさん。少し都心近くの駅を探した時に娘の安全な通学のためにはもっと学校の近くに住めと親切かつ厳しい助言をくれた初老の英国人の婦人の業者（その一言で既に夕方であったが、そこから五つ北の娘の学校の駅まで飛んで行き6～7軒の業者をくまなく当たったが紹介してもらえる物件は1件もなかった)。「日本人の方々はもっとたくさんお出ししていますよ。先生にふさわしい家はもっとしとします」と住宅補助のある企業の駐在員を念頭に予算引き上げを勧める日系の女性業者。最後まで本当に親身になって我々の住宅探しを支援してくれた日系業者の男性(Japan Homes のカサイさん、ありがとうございました)などみな印象的な人々であった。

生活の基盤である住宅が、緑地規制、高さ規制、外観規制などさまざまな規制で供給制約のもとにある一方で、人の流入が続き、中国、ロシアやアラブから住宅資産への投資資金が入ってくるロンドンは先に書いたように普通の市民にとっても住居の確保が大変になってきていたようで、さらに外国人にとっては厳しい場所となっていたことは間違いがない。そこに大学教員という組織のバックアップも先立つものもない者が家族を引き連れて迷い込んだ一幕の滑稽劇であったように思う。訪ねた業者は25～30軒、内覧した物件は20件以上となった。日本の大使館では20～30件見れば相場観ができるとしているようだが(実際にそうであったが)、現地業者からは「2～3軒見れば決めるものだ。決められないなら、基準があまりにブロードであるか、あまりに多くのことを求めているかどちらかだ」と厳しいコメントをもらったこともある。こちらの人にとっては借家を移るということはそれほど大変なことではないようである。新しい不動産屋へのわずか150～200ポンドの手数料で移れるのであるから（引越料も安いと聞いた）。
ともあれ、ようやく決まったフラットに入居し英国生活が始まることとなった。

第5章　良い授業とは何か

――双方向の知的交流と実社会とのつながりを求める学生たち

1．東京女子大学への赴任

頼まれ非常勤

東京女子大学に縁が生じたのは、2013年の3月のことであった。大学時代のクラブ（卓球部）とゼミ（心理学）で一緒し、1980年代に私がIMFで勤務していた時期には世界銀行で勤務しており、ネパールへの金融支援プログラム作りで、出張先のネパールで一緒に働いた宍戸恒信氏から連絡があった。彼は世界銀行からIMFに移り、そこを退職後、東京女子大学で教えていたが、事情で夏の1学期間米国に戻らなければならなくなり、急ぎ3年次演習の指導教員の後任を探す必要が生じたとのことであった。急遽4月からの授業を構成し、1学期間教えることとなった。ゼミをしてみた印象は極めて良いものであった。大学時代から東京女子大は身近な大学であったが、初めてキャンパスを訪れその美しさに強い印象を受けたが、それ以上にゼミ生の熱心さに驚いた。駒場のゼミで講読文献を指定すると、ほとんど全員がその文献のみを読み報告してくる。ところが東京女子大では他の関連文献もおさえて講読文献の報告をして来る学生がおり、その学習姿勢に好感をもった。1学期間教えた後でアンケートを取ると、「これまでの2年間で学んだこと以上のものを教えていただいた」と書いてくれた学生もいた。

特任教授就任

２０１６年は駒場での最後の年であった。宍戸氏は東京女子大でもう1年教える予定であったが、２０１７年には1年早く米国に戻ることになり、その後任として、２０１７年4月に着任した。

担当授業は学部5コマ（前期及び後期のそれぞれに5コマずつ）、大学院1コマで、経済学専攻の科目である「国際経済学」、「金融論」（のちに「財政学」追加）、一般教養科目である「国際金融と貿易」「アジア経済事情」「グローバル経済のしくみ」と1年生から4年生までの演習とかなり幅広い科目を担当することになった。

2．良い授業とは何か

「全く分からない」

1年目の授業はそれまで駒場で担当していた授業をベースに行ったが、授業もあと何回かとなった学期の後半にアンケートを取ったところ、「全く分からない」「何が分からないかも分からない」という多数の回答があった。内容を多く盛り込み、説明もできるだけ簡潔にというスタンスで授業を行ってきたため、特に一般教養科目で問題が生じたものと思われる。そこで急遽複数の補講を用意し、改めて説明を行い、次の学期からは分かりやすい説明を盛り込むという基本的スタンスに改め、徐々に授業運営を改めていった。

現実社会とのつながりの提示

それまでも気を付けていたが、東京女子大に移りとりわけ意を注いだのは、現実の社会とのつながりを意識させること、受講生の参加を促し考えさせる授業運営である。社会とのつながりを意識させるために強化したのは時事問題のとりあげである。駒場時代から時事問題のとり入れに努めていたが、東京女子大では、授業冒頭に必ず時事トピックを入れ、できるだけあらかじめ時間をかけて関連データや歴史的背景を調べその説明を行うことに努めた。時には時事問題関係のレジュメが10～15ページにも及ぶことがあり、時間管理が大変となったが、受講生のほとんどが事後アンケートでこの時事問題のとりあげを高く評価し、「本当に役に立った」「いつからそんなにニュースがわかるようになったのかと親に言われた」「これからもぜひ続けて欲しい」等のコメントが寄せられた。

質問、発表の機会の付与

また、質問を促すことに加え、問いを発して講義室を回り、当てて答えを引き出すという試みも行った（これは、東大の大規模講義でも行っていた。いつも前の方で熱心に聞いている学生を指名したところ、真っ赤な顔をしながら正しい答えを返したが、翌週にははるか後ろの方の座席に移ってしまった）。また、50～60人の中規模講義で受講生全員に短い発表の機会を付与するという試みも行った。例えば、1～4年生を対象とする「アジアの経済事情」という講義では、「5分間レポート」という試みをとり入れた。これは、受講生全員に単独またはチームでアジア経済に関する特定のテーマを選ばせて調査を行わせ、講義の冒頭に5分間使って報告させて、若干の質疑を行うものである。自身が関わるラオスの学校建設支援活動の報告、日本の保険会社の中国進出の紹介など当初予想しなかった興味深いテーマも報告され、学生には刺激になったようである。「他の受講生の報告が立派なのに驚いた」といったコメントが事後的に寄せられたりした。ただし、50～60名以上履修する授業では時間を取られすぎ、翌年は3分間レポートへと縮小せざるを得なかった。さらに、毎回コメント・質問シートを配り、そこに記された質問に次の回に答えるという、初めて教壇に立った地方の大学時代に行った手法も試してみた。私の授業を受講した学生が「荒巻先生の授業は考えなくてはならない授業だった」と述べていたが、それこそ狙っていたことで、我が意を得たりという気持ちであった。

オンライン授業となってからは、授業の冒頭に皆ビデオを開けさせ、この1週間の間に注目した時事ニュースをチャットで相互に発信させた。全員が送り合うというのは受講生の提案で始めた（それまでは講師に対して送るようにさせていた）ものであるが、この試みに対する受講生の評価は意外に思うほどに高かった（事後アンケートで何人もがその有用性に言及していた）。他の受講生が何に注目したかを知ることが学生にとり大きな刺激になるということのようである。英語で経済関係の文献を読むという経済学専攻の2年生ゼミでは、ＩＭＦのプレスコンフェランスやＴＥＤプレゼンテーションのビデオを見せ、聞き取ったことを述べさせる、英語でディベートをさせるなどの試みも行ったが、聞き取れる言葉は多くはなく、少しずつ進める必要性を感じた。

良い授業とは何かについての学生の考え

東京女子大学で教える最後の年である２０２１年度前期の担当授業の二つ（「アジアの経済事情」及び「金融論」）で学生にとって「良い授業」とはどのような授業かアンケートを行った（個別意見〈複数回答〉の概要について164ページ参照）。

回答に挙げられた内容を、授業内容、授業の進め方、その他の三つに分けてポイントを示すと、まず授業の内容については、実生活とのリンク、現役の声、時事問題など現実とのつながりが示される授業、（理論だけでなく）具体例や事例が提示される授業のほか、用語や基礎知識の分かりやすい説明を評価する意見が多い。授業の進め方については、受講生間の意見交換、発表の機会、質疑など受講生に考え発言させる能動的参加を促す授業、授業内での作業や毎回テストなどを通じて授業進行と理解確認が並行して行われる授業を評価する意見が目立つ。そのほか、配布資料の分かりやすさ、見やすさを求める意見、オンデマンドに有用性を見出す意見などがある。

アンケートに強く表れた、学生がディスカッションや双方向の授業など能動的な授業参加を求めているという点については、時に受け身的な姿勢を感じることもあっただけにやや意外に思ったが、多くの学生は参加型で双方向性のある授業により大きな満足感を覚えるということを表していると思われる。

まとめれば、基礎を分かりやすく、現実とのつながりを具体例を示して説明し、理解度を確認しつつ、意見交換の機会を付与する授業が評価されているといえる。

基礎の提供と現実とのつながりの明示、意見表明の機会の提供は、これまで担当する授業で行ってきた前述の試み（現実理解と意見表明機会の重視）があながち学生のニーズの所在から外れていないことを示すものと思われ、そうした授業運営を目指してきただけに意を強くする思いであった。

3．オンライン授業の利点と弱点

オンライン授業への移行と当初の活性化

２０２０年の前期からコロナの感染拡大を受け、急遽オンライン授業への転換が行われたが、1年目はオンライン授業の良い面がいろいろと出てきた。例えば、オンラインに移行する前から授業中の質問は歓迎である旨受講生には伝えていたが、授業中に質問をする者は皆無に近かった。ところがオンライン授業に移行すると、授業中にチャット機能を使って質問をしてくる者が続出した。他の受講生に知られずに質問ができるので、ハードルが相当に下がったようであった。また、グループ・ディスカッション機能を用いて少人数で議論させ、その結果を全体会合に戻った後に報告させることも容易にでき、授業の活性化に有効なツールであると感じられた。しかし、後期になると授業中の質問は激減し、2年目になるとほぼなくなってしまった。

ビデオを開けない学生の増加

オンライン授業で困ったのは、受講中にビデオをオンにしない学生の増加である。毎回、授業の冒頭でビデオをつけるように促すのであるが、学期が進むにつれビデオを開けない受講生が増加し、学期末近くには半分近い受講生がビデオを閉めていた。これでは授業に参加しているのかどうか教員サイドには分からなくなる。授業終了後、いつまでも授業に入ったままの受講生がいるので、声をかけても返事がない。つないだまま聞いていない受講生と思われる。グループ・ディスカッションでも声をかけてもビデオを開けず返事もない者がおり、議長役の学生が困惑することもあった。なぜビデオを開けないかアンケートで尋ねると、知らない人の中で開けたくない、ビデオを開けるのは負担だという声があった。大学からはビデオを開けないことを受け入れるように通知があるため受けいれていたが、授業進行に支障を生み、学生も困り、学習効果を低下させているのが実状であった。

大人数講義のオンデマンドへの移行への反応

オンライン授業を1年半行ってきた印象を記すと、かなりのことが可能で、場合によってはオンラインに優位性があるということである。２０２１年度には大人数講義はリアルタイムでなく、オンデマンドで授業をするようにとの指示があり、録画で授業を行った。こうした授業形式は、学生からのリアルタイムの反応が得られず、双方向型の授業やグループ・ディスカッションなど受講生の積極的参加を促す運営ができないという短所もあるが、学生にアンケートを取ると、オンデマンドを評価する意見がかなりの割合に上る。学生が評価をしているのは、都合の良い時間に視聴でき柔軟な時間管理を可能とすること、聞き漏らしたり理解できないところを繰り返し見られることの2点である。知識伝達型の授業はオンデマンドの有効性が高いと言えるようである。ただし、これは視聴をきちんと行える受講生であることが前提となっており、先延ばししてためてしまう受講生にとってはむしろ短所になりうる。対面授業やリアルタイムオンライン授業と比べると、教員からリアルタイムで話を聞き、一緒に他の受講生が受講しているという緊張感はなく、他者からの刺激による深まりもない。オンデマンドの場合、課題だけこなして録画は見ないという行動もあるように伺われる。オンデマンド授業は、学習意欲の高い学生にとっては効率的な授業形態といえるが、そこまで自律的に学習を行えない学生については教育効果が低下した可能性がある。

オンラインと対面の利点と弱点についての学生の評価

オンライン授業と対面授業の特質や学生の捉え方についてより詳しく知る機会があった。これは2021年度前期に担当した「財政学」のオンライン・リアルタイム授業で行ったアンケートである。発端となったのは1人の受講生から寄せられた、復習のために授業録画を一般的に公開して欲しいという要望であった。それまで録画はしていたが、病気や就活で出席できなかった受講生から要望がある場合に個別に視聴を認めていたが、一般的には公開していなかった。これは録画が事後的に見られるとなると、出席に影響し、授業参加時の緊張度も低下することを懸念したためである。このため、録画の一般公開に当たっては、他の受講生の意向も踏まえ、対応を考える必要があり、アンケートを行うこととした。結果として、１週間程度の時限性を持たせて一般公開することにしたが、この機会にオンライン授業や対面授業についての学生の意向の調査も行った（回答概要について166ページ参照）。

まず、オンラン授業と対面授業について、対面に「利点がある」と答えた者は18名中13名（72・２％）と圧倒的多数を占めた。その一方で、オンラインと比べ対面に「特に利点はない」と答えた者は同４名（22・２％）、オンラインに「利点がある」と答えた者は１名（５・６％）であった。対面に利点があるとした者からは、「緊張感があり、集中力が高まる」（４名）、「他の受講生からの刺激を受け知識の吸収量が上がる」（４名）といった指摘があった。特に対面に利点はないとした者は、「顔出しすれば先生や他の受講生の表情は理解でき、オンデマンドであれば巻き戻して見られる」、「（対面と比べ）寂しさはあるが講義中心であればオンラインで内容理解に支障はない」という意見であった。

次いで、オンライン授業のうち、リアルタイム双方向授業とオンデマンド授業の選択については、「リアルタイム選好」が11名（61・１％）、「オンデマンド選好」が６名（33・３％）、「どちらでも良いが」１名（５・６％）とやや意見が割れた。リアルタイムを選好する者からは、「オンデマンドでは見ることを忘れたり課題がたまったりしてしまうので、決まった時間に講義を受けるリアルタイムが良い」（6名）、「その場で質問がしやすい」（2名）、「対面に近くより集中できる」（2名）といった指摘があった。オンデマンドを選好する者は、「好きな時に何度でも見られ効率的な時間管理にも寄与」（3名）、「就活で参加できない時に助かる」（1名）という意見であった。どちらでも良いとした1名は、「リアルタイムは意見を言うなどで対面に近いが、オンデマンドは集中できる時に受けられるので、ポジティブな意味でどちらでも良い」としている。

オンラインか対面かでは対面選好が多く、リアルタイムかオンデマンドかではリアルタイム選好が多いという結果と言える。ただ知識吸収についてはオンライン（オンデマンド）で支障はないという意見がある。他方オンデマンドはためてしまうことを指摘する意見が多い。オンデマンドを含めオンライン授業については、「自分の意思を強く持たないといけない授業の受け方と感じる」という受講生の回答によく本質が現れているように思われる。

4．日々の人生に活きる授業―公開講座から示唆されるもの

7回連続熱血セミナー

東京女子大学は、近隣の自治体が関わるいくつかの市民大学に企画講座を提供している。その一つである三鷹ネットワーク大学で、２０２０年10月から12月にかけ、東京女子大学企画講座

として7回連続セミナーを開講した。これは現役社会人とともに、日本経済の長期低迷の原因とそこからどのような教訓を引き出すかを考えていくというコンセプトでネットワーク大スタッフと意見を交換しながら企画したものである。セミナーは三つのセッションと最後の全体討議からなり、各セッションは講師による講義1回および受講生による課題レポートの報告と討議1回の計2回で構成された。セッションのテーマは、それぞれ「１９８０年代バブル」「バブル崩壊、銀行危機、長期低迷」「アベノミクスとコロナ危機」とした。受講生は8名と多くはなかったが、三鷹周辺だけでなく、九州やパラオからの参加もあり、年代も20代から60代までとバラエティに富んだ構成であった。開始してみると、受講生からは講義中も頻繁に質問が入り、課題レポートの報告と討議も活発で、予想をはるかに上回る盛り上がりを見せた。就職氷河期に大学を卒業し正規非正規の格差に疑問を感じてきた女性の受講生や勤務の関係で海外から日本を眺めてきて日本の政策形成の自主独立性に対して疑問を持ってきたという受講生などそれまでの自らの歩みとセミナーテーマを重ね合わせて議論を提示する受講生もいて、手応えのあるセミナーとなった。事後アンケートに「期待をはるかに上回るものだった」と書いてきた方や受講生の同窓会を開いて欲しいという要望を寄せた方もおり、満足度は大変に高いものであった。研究的な立場にある受講生からは「失われた20年、30年というが、労働力や資本設備が失われたわけではない。日本が失ったのはリスクをとって前向きに進む気持ちではないか」という深い指摘もあり、講師としても得るところの多いセミナーであった。

経済のイロハを扱うセミナー

2021年7月に同じ三鷹ネットワーク大学とともに、やはり東京女子大学企画講座として新しいコンセプトで公開講座を起こした。これは世の中を知りたいという気持ちは多くの人が抱いているものではないかという認識をもとに、経済の分野でそうしたニーズに応える講座を提供することを図ったものである。タイトルは「世の中、こうして回っている―経済のイロハが分かれば、仮想通貨、格差など経済ニュースは理解できる」とした。回数は3回とし、「「経済」とは何か」、「お金は何のためにあるのか」、「なぜ外国と取引をするのか」という三つのテーマを設け、英国の古典的小説『ロビンソン・クルーソー』を引き合いに説明を進めるという手法をとり、経済について学んだことのない初学者に経済ニュースを理解できるように手助けすることを目標とした。受講者は18名で20代から60代まで幅広い年代の参加を得た。事後アンケートには「素晴らしい授業、学ぶ楽しさを思い出した」「大変有益で、思い切って申し込んで良かった」など非常に好意的なコメントが寄せられ、世の中を知りたいというニーズは存在することを改めて認識し、これに応えていくことは教育に携わってきた者の使命ではないかと改めて感じることとなった。初めて大学の教壇に立って以来抱いてきた大きな疑問、我々（例えば経済の教員）は社会の役に立つことをしているのかという問いに対して一つの答えを見出す途上にあるのかもしれないと感じた。

録画視聴と質疑・ディスカッションからなる講座

さらに、２０２１年９月に、東京女子大学夏季特別講座として「日本経済　バブルの陶酔からコロナ危機まで―何を学び、今後どうすべきか―」という全５回からなる講座を企画した。これは80年代のバブル形成、90年代初めのその崩壊、金融危機、デフレと長期経済低迷、アベノミクス、さらにコロナ危機までの日本経済のこの30年あまりを振り返り、そこから何を教訓として読み取りどう将来に活かすか考えることを目的とするものであった。この講座の特徴は、前半の３回は録画のオンデマンド視聴で基礎的な知識を提供し、後半の２コマのうち第４回は視聴した内容に対して受講生から提出された質問に対して講師が補足説明を行い、そのうえで最後の第５回に前半で受講生がグループに分かれディスカッションを行い、その内容を後半の全体会合で議長役から報告してもらい、それを受けて全体で討議をするという形式をとったことである。学習意欲の高い層であれば、知識の吸収は録画をオンデマンドで視聴することで効率的な学習が図れるということは東京女子大の授業で得た印象であり、その内容に対する疑問は補足説明の回に解消し、そのうえで受講生が自分の考えを他の受講生に向けて提示するというプロセスを通じて、より深い理解を目指した試みと言える。受講登録は51名で、「セミナー形式であることを考えるとよく集まった」と担当部署の課長から言っていただいた。毎回の録画視聴の出席報告に質問票が付されており、100数十もの多くの質問やコメントが寄せられた。回答のための資料作成に4日近くかかってしまったという誤算はあったものの、受講生が一方的に聞くだけではない学習をしていることが伺われた。グループ・ディスカッション及び全体会合における討議も活発に行われ（時間が足りないというコメントもあった）、当初提出された質問には極めて多様な意見が見られたにもかかわらず、議論をしていく中で日本の経済社会が抱える課題についての意見は教育や統治体制のあり方という中長期的問題に収斂していった。受講者の事後評価は非常に良いものであった。授業の形式については「事前に資料閲覧や動画視聴してから討論、総括に行く流れはとても良い」という意見に代表され、内容については「「さすが大学主催の講座だと思った」と書いていただいた。この企画の経験は、知識吸収（理解）とその深化（自分の考え方の形成）をそれぞれに適した方法で行うことにより、学びが質的に向上しうるのではないかというヒントを与えてくれた。今後これをどう活かしていけるかさらに検討していくことが重要であると考えている。

5. 東京女子大での収穫

２０２２年3月に東京女子大を離れ、１９９７年7月から四半世紀に及んだ大学教員生活は一つの区切りを迎えた。５年間の東京女子大勤務中の後半の2年はコロナ禍でオンライン授業に移行し、さらにオンデマンド形式での授業実施といった予想外の経験をすることとなったが、この間に実施した学生へのアンケートを通じて学生がどのような授業を良い授業と捉えているか、オンライン授業をどう評価しているかなど学生の授業の受け止め方に対する理解を深められたことは得難いものであった。また東京女子大の公開講座を通じて、知識吸収と質疑・討議といった授業内容に応じてオンデマンド授業、リアルタイム・オンライン授業、対面授業といった授業形式の使い分けが考えられるという新たな知見も得ることができ、大きな収穫の得られた5年間であった。

〈学生にとって「良い授業」とはどのような授業か〉

「アジアの経済事情」（38名）「金融論」（24名）の受講生へのアンケート結果（計62名）概要

問い　これまでに受けた授業で、授業の進め方、内容などの点で、どのような授業が貴方の役に立った（何らかの形で力がついたと思える）と考えますか（例えば、現実とのつながりが意識され現実理解に寄与する授業、受講生による発表など積極的な参加が求められる授業、一人では理解ができない難度の高い文献や理論を学ぶ授業など）

●個別意見（複数回答）の概要（回答数の多い順）

1．授業の内容に関するもの（45）

現実、身近な事柄、実生活とのつながりの提示（14）／具体例や事例への言及（7）／基礎知識、用語の解説（6）／時事問題の解説（5）／現場、現役の生の声（3）／エピソード・豆知識への言及（3）／難しい内容の分かりやすい説明（2）／講師の主観的見解の提示（2）／社会の仕組みの理解促進（1）／将来の展望の提示（1）／課題の解説（1）

2．授業の進め方に関するもの（49）

受講生間（及び講師との間）の意見交換（9）／受講生による発表（5）／毎回小テストで理解確認（5）／講

師からのフィードバック（3）／自分の意見を考えさせる課題の設定（2）／質問機会の付与（2）／授業中の課題・時間内に文献を読み回答（2）／初めに何について考えていくかを提示（1）／単元間のリンクの明示（1）／講義の最後にまとめを提示（1）／自分で調べさせる（1）／学んだことを書かせる（1）／資料を読み発言させる（1）／質問を発し、チャットで答えさせる（1）／他の受講生のコメントの紹介（1）／事前にテキストを読み感想を提出の上で受ける授業（1）／受講生に考えさせ、近くの人と話し合い、クラスで発表し、講師が答えを解説する授業（1）／データを使い作表（1）

3．配布資料、情報ソースなどに関するもの（9）
穴埋めプリントの配布（2）／大事なところのハイライトや囲み（2）／ビデオの視聴、動画へのリンク提供（2）／復習プリントの配布（1）／写真のとり入れ（1）／パワポによる説明（1）

4．その他（4）
オンデマンドと（リアルタイム）Ｚｏｏｍ授業の並行提供（1）／オンデマンド授業（1）／既存のフレームワークの個別事例への適用（1）／社説の講読（1）

〈録画公開に関するアンケート結果概要（「財政学」〈回答者18名、複数回答〉）〉

1．授業録画の公開について

録画の扱いについて、復習のために公開してほしいとの要望が寄せられたため、検討の参考にするため、以下の問いに答えてください。

なお、これまでは、電波障害、体調不良、弔事などの事情がある場合に、個別の申請に応じて、視聴を認めるという扱いをしてきた。このような扱いをしてきた理由は、対面性を重視する担当教員の考えからである。すなわち、受講生と教員及び受講生同士が顔を合わせ、相互に発信（時事ニュースのような知見の発信や講義に対する質問）をすることで学習効果を高められるのではないかと考えている。また、後で録画を見ればよいということで授業時間中の集中度やそもそも授業への出席が低下するのではないかとの懸念もある。

今回の要望は、個別対応でなく、毎回録画を事後的に公開する（受講生であれば誰でも視聴できるようにする）ということであるが、仮に公開するとしても時限的なものとするかどうか、録画公開を行うのであれば、授業参加をディスカレッジしないように（授業不参加には授業の不活性化など外部不経済がある）、出席を正式に成績評価基準にとり込むかなど検討すべき課題がある。

なお、今回のアンケートは、提出の有無は評価対象であるが、内容は一切評価の対象ではないので、率直な意見を記してください。

（回答）

①公開を望む（８）（44・４％）（以下は挙げられた主要な理由（カッコ内は人数〈複数回答〉回答数の多い順）（以下、同じ）

・見返すことにより理解を深められる（６）
・電波が悪い時に対応できる（１）
・録画で見られれば自分の時間をうまく使える（１）
・遠隔授業は集中力が続かない（１）
・いつまでも公開ではリアルタイム授業に影響が出るので、授業後１週間程度に限定が良い（１）
・受講生が出席しなくなる懸念があり、どちらかと言えば、②（どちらでも良い）に近い（１）

②どちらでも良い（９）（50・０％）

・見直して復習したい（あるいは希望者が多ければ反対しない）が、後で見られると思うと集中力が低下することを懸念（４）
・基本的にリアルタイム授業に参加するが、一部復習には便利（３）
・どちらにも長所短所がある（１）
・公開されれば見ることがあるかもしれないが、公開されなくとも授業や事後学習への取り組みは変わらない（１）

③望まない（1名）（5・6％）

・復習したい気持ちはあるが、授業参加者が減り授業への集中力が低くなる恐れがあり、反対

2．現在の授業運営について

（オンライン・リアルタイム）

本講義は対面性を確保したいということで、冒頭はビデオを開け挨拶して開始、時事ニュースを相互に送り合い、講義中及び講義後の質問は歓迎、いずれ機会があればグループ・ディスカッションも取り入れたいと考えている

（回答）

・（とても）良い／大賛成／満足（7）

・時事ニュース共有が良い（5）

・双方向のやり取りができる授業があることは、励みになっている／良い（2）

・ビデオオンで画面に注意を向けられる／ビデオオンは最初は慣れなかったが他の受講生の姿を見て相互発信する講義はほとんどなく貴重な時間（2）

・対面とほぼ変わらず良い（2）

・対面に近い授業の仕方で深く学ぶことができる（1）

・グループディスカッションも楽しみ（1）
・ニュース共有やグループディスカッションがあれば授業に集中できる（1）
・集中力を高められ良い（1）
・他にディスカッションの機会が少ないので良い（1）
・ビデオは任意で良い（1）
・問題はない（1）

3．リアルタイム双方向授業とオンデマンド授業の選好について

授業をオンデマンドとし録画視聴して課題に答える形の授業進行の方が良いと考えますか。そちら（オンデマンド）の方が良いとすればなぜか。現在のオンライン・リアルタイム授業の方が良いとすればなぜか

（回答）

①リアルタイムを選好（11）（61・1％）
・オンデマンドだと、録画を見ることを忘れたり、課題がたまってしまう（4）
・受講生の顔を見られる（1）
・自分が把握していない時事問題を知ることができる（1）
・数少なく貴重な大学での講義らしさを感じることができる授業（1）

・繰り返し見られるところはオンデマンドが優れるが、後回しにしがちなので、集中できるリアルタイムが良い（1）
・その場での質問がしやすい（1）
・ニュース共有や講義中に提示された質問への答えをチャットで送ることで臨場感が沸きより主体的に学べる（1）
・この時間にはこの講義がある、と定まっている方が計画的に学習を進められる（1）
・オンデマンド授業はレジュメ読み上げがメインになっている（1）
・より対面に近く、質問やトラブルがあった時すぐに聞ける（1）
・対面に近く、より集中できる（1）

②オンデマンドを選好（6）（33・3％）
・好きな時に何度でも見られる（2）
・就活の関係で参加できない時に助かる（1）
・自分の時間をうまく使いながら学習できる（1）
・ゆっくりと見られ、集中できる（1）
・互いに緊急の用事等の連絡の手間が省け、リアルタイムに固執する必要はない（1）

③どちらでも良い（1）（5・6％）

・リアルタイムは対面に近く意見を言う練習などができるが、オンデマンドは集中できる時に講義を受け理解しやすいので、ポジティブな意味でどちらでも良い（1）

4. 対面の利点について

授業における対面性（教員と受講生あるいは受講生同士が同一の場でリアルに顔を合わせ、場合によっては双方向で授業が進むことを指すものとして用いる）について、対面授業にはオンライン授業では得られないものがあると思うか、それとも特に付加されるものはないと考えるか

（回答）

①対面に利点がある（13）（72・2％）

・周りに人がいる、先生が間近で講義していると思うと背筋が伸び、集中できる／視線があり、集中できる／緊張感をもって参加できる（3）

・オンラインでは質問がしにくかったり聞きづらさがあり／互いの雰囲気が分からず意見を言いにくく、対面が良い（2）

・対面の方が同じ場にいるということで質問しやすい／ちょっとした質問や議論がしやすい（2）

・やる気、集中力の点で対面には大きなアドバンテージ（1）

・他の受講生の意見を聞くことができ、受講生の数だけの視点で社会を見られる（2）

・対面では他の受講生の表情や声、話し方等から教わり、刺激を受けられる（1）
・対面には先生や他の受講生との関りがある（1）
・ディスカッションなどやり取りを含む対面授業では知識の吸収量が大きく上がる（1）
・対面にはオンラインでは得られないものがあると思う（1）
・オンライン授業は、自分の意思を強く持たないといけない授業の受け方と感じる（1）

②特に対面に利点はない（4）（22・2％）
・オンラインと対面で大きな違いはない（顔出しすれば先生や他の受講生の表情は理解でき、グループディスカッションで意見交換もできる）（2）
・オンデマンドは巻き戻して見られるのが良い。リアルタイム授業に比べ寂しさはあるが、内容理解には支障はない（1）
・実習でなく講義中心であれば、オンラインで問題ない（1）

③オンラインに利点（1）（5・6％）
・大教室で講義を受けるよりも先生との距離を近く感じる。受講生同士の関りも対面では緊張するが、ビデオ通話だと気軽に話しやすい（1）

第6章　文系学生が身につけるべき力は何か

1. 学生は大学の授業に何を求めているか
―四半世紀の教員経験が示唆するもの

ここまで地方の大学に始まり、埼玉大、京都大、東大、SOASを経て東京女子大に至った四半世紀の間に試行錯誤的に行った、学生の人生にとって意味のある授業の模索について記してきた。こうした試みを通じて、初めて大学の教壇に立った時に抱いた疑問「我々（文系の大学教員）は社会に役立つことをしているのだろうか」という問いに対する答えが少しずつ明瞭となってきたように思われる。これまでの試みから得られる示唆は次のようなものである。

学生の学習意欲は高められる

第1に、学生が授業内容の習得に対し意欲を見せないとすれば、それは学生だけの問題ではない。授業の内容及び進め方如何で学生の学習意欲、参加意欲は大きく変化する。これは、タイやベトナムを訪れ学生の顔つきまで変えた現場・現実にさらす授業や東大でのテーマ講義「国際機関で働く」の受講生の極めて前向きな反応によく現れている。受講生に質問や課題の提出を求めた東京女子大学の公開講座で予想を上回る良い反応を得たことからも同様の印象を受けた。

好奇心に訴える

第2に、自発的な学習を引き出すうえで最も重要なことは、学生の好奇心に訴えることである。東大で行った日本経済ゼミは受講生のハートに火をつけた。東京女子大で行った少人数での公開講座も若い受講生の探求意欲を引き出すことに成功したと言える。

現実とのつながりを示す

第3に、学生は学んだことと現実とのつながりを求めている。これは、文系学生の大半が大学を終えた後は実社会に出て職業人として生きていくことを意識しているからであろう。彼らや彼女たちは学んだことがどう社会とつながり、自らの人生といかに関わってくるかを知りたいと思い、習得したことを活かしたいと感じている。そうした意識に分かりやすい形で答えてくれる授業には敏感に反応してくる。東大時代に始め東京女子大に移ってから大きく充実させた授業冒頭の時事問題のとりあげは、背景にある経済データの説明とともに学生の関心に応えるものであることを感じた。東大時代のゼミの受講生の中に国際政治を専門とする学生がおり、東大からフランスのパリ政治学院（シアンスポ）に留学したが、そこでの政治学の授業は常に現実の政治問題に結びつけて展開されていたと話していた。理論をとりあげたうえで、その現実への適用に触れることで受講生の関心は各段に高まると思われる。

知的な交換を織り込む

第4に、学生は、学生同士の意見交換、発表、講師への質問とフィードバックなど能動的な授業参加・双方向の授業（知的な交換）を求めている。東京女子大でもアンケートを取ってみると、授業冒頭の受講生間の時事トピック交換を他の受講生の考えに触れる機会として非常に高く評価し、さらに討議・発表など能動的参加が可能な授業の進め方を求める声が非常に強い。ハーバードのサンデル教授の白熱教室ではないが、学生は自分の意見を表明し、他の受講生や教員の考えに触れる機会を求めている。

自分の頭で考えさせる

第5に、学生は考えさせる授業を求めている。これは、東大でのテーマ講義「国際機関で働く」の受講生へのアンケートに顕著に現れた。先に触れたように、国際機関に奉職するとした場合にという文脈で「日本の大学教育に欠けているものは何か」という問いに対し、「日本の大学では知識の教授に重きが置かれ…思考訓練としての役割を果たしていない」「黒板を写すだけの授業は脳が働いている気がしない」といった強い批判が示された。

分かりやすさを忘れない

第6に、私の講義が東大で「難講義」と呼ばれたことを反省点として、東京女子大の一般教養講義や公開講座での経験を通じて学んだことであるが、学生が授業の基本として重視するのは、学ぶべきことが分かりやすく学べることである。これは特に既存の知識の吸収について当てはまると思われる。知識提供型の授業であれば、例えば、具体例を示す、その都度理解確認をする、繰り返し視聴の可能なオンデマンドを活用することなどにより、分かりやすい授業内容と学習形式とすることが求められている。

以上の示唆をまとめれば、

- **学生の関心・好奇心に訴え（好奇心の湧くようなテーマや問いが示され）**
- **学んだことと現実とのつながりが分かり**
- **意見交換や発表など能動的な参加の機会を通じて**
- **自分の頭で考えていく**

そうした授業が求められている。

また、授業の進め方については、

- **学ぶべきことが分かりやすく学べること**

が重視されている。

2．文系学生が身につけるべき力とは何か

大学は学生を成長させる場所

大学は学生を成長させる場所である。では文系学生は大学ではどのような力を身につけること（大学サイドからみればどのような力を育てること）が求められているのであろうか。ここでは文系、特に社会科学系の大学を念頭に置いて考えてみたい。ただし、基本的考えは人文科学系の大学教育にも当てはまると思われる。

自分の頭で考える力

文系大学で身につけるべき力は何か。四半世紀の経験から、まず一番重要なのは自分の頭で考える力であることは間違いないと思われる。文系の学生が出て行く実社会の問題はコンセンサスのある解が存在しないものばかりであるし、問題の所在自体が明らかでないことも多い。何が問題（問い）であり、答えは何かを関連の資料やデータを探し出し、問題の所在、その原因、原因に対処する対応策を自分の頭で考えていくことは文系学生が日々直面することになる課題である。自然科学であれば蓄積された知見の上に立ち仮説を立て実験ができるが、社会科学では基本的な論点にもコンセンサスが存在しないことがあり（例えば、日本経済の長期低迷の原因が投資

や消費の低迷など需要サイドにあるのか、労働投入の減少や競争力の低下など供給サイドにあるのかという基本的な問題についてさえ、なおコンセンサスはない)、さらに、仮説は基本的に過去の事実やデータで検証せざるを得ず、その結果が将来の予測にどれだけ寄与するかは不確かである。社会ではそうした分からない中での判断と行動が求められており、社会科学はそうした実社会における判断と行動に材料を提供できるものである必要がある(そうでなければ、私が初めて教えた地方の大学でのかつての私語にも合理性があることになってしまう)。限界はあるとはいえ、論理と証拠に基づいて、コンセンサスのない問いに自分の頭で答えを出していく力は、文系であれば最重要の力と言える。

現実の問題に対応する力

第2に、文系、特に社会科学系の学生は現実の社会に生起する問題への対応を求められる。それが個人や家族(家計)の問題であれ、企業や政府あるいは地域や国全体の問題であれ、対処を求められる問題は社会に現実に生じた(生じる)問題である。従って、大学で考える力の訓練を行う場合、現実との関係は常に意識しておかなくてはならない。現実に生じる問題に対し、その原因やメカニズムをどのように分析し、どう対応していくかという視点を欠くことはできない。

コロナ危機下でこうした現実の社会問題解決への判断材料提供者としての文系の力に大きな注

目が集まった事例があった。コロナ感染と経済の相互作用について東大経済学部の仲田泰輔准教授他が行ったシミュレーションである。この研究結果は適切な政策を検討するうえで有用な素材を提供した。こうした現実の問題解決への寄与こそ文系に求められていることであると考える。仲田准教授の前職が、日々現実の経済の動きをモニターし金融政策決定に資する材料の提供を求められる米国ＦＲＢ（連邦準備制度理事会）の調査部エコノミストであったことは極めて示唆的である。

データを処理する力

第3に、上に挙げた現実とのつながり、現実に生起する問題の分析や解決に素材を提供する力は、データ処理の力と大きく関わる。先に述べたように、文系は自然科学と異なり多くの場合実験が難しい。このため、議論の証拠は過去の事実やデータに求めざるを得ない。精緻な論理を展開しても、実証的にデータで裏付けられて初めて説得性を持ってくる。そうした証拠を収集し処理するデータ処理の力は、文系が社会の問題の分析と対応策の考案を的確にかつ説得性を持って行うためには、不可欠である。一橋大学など多くの大学がデータ・サイエンスを学ぶ学部や学科の新設などによりデータ分析に裏付けられた社会問題分析力の育成への取り組みを強めていることは、こうした世の中のニーズを反映したものといえる。

他者と対話する力

第４に、社会に存在する未解決の問いに対する分析と対応策の検討を的確に行うには、他の分野の知見に基づく意見にさらす必要がある。これは社会の問題、例えば経済問題が経済的要因やそのメカニズムだけで生じていることはまず考えられないからである。政策や制度といった政治的・制度的側面、慣習や個人・企業の行動原理といった社会的要因などさまざまなものが影響を及ぼしている。従って、そうした分野の知見の活用は必須である。個人で関連分野もカバーすることができればよいが、そうでなければ知見を有する他者との意見交換が重要となる。また、分析を行い対応策を考案したとしても、それが説得的に提示され、他者に受け入れられない限り実行に移されることはない。こうした二つの観点（問題の的確な把握と対応策の実行）から、問題解決を実効的に行うには、自分の考えを分かりやすく提示して他者の考えにさらし意見を交わすことを通じて思考を深め、かつ理解を得ていく対話力が重要になると考えられる。

まとめれば、自分の頭で考える力、すなわち「思考力」、それを用いて社会の問題を分析し、対応策を考案していく力、すなわち「現実の問題解決力」、問題の原因分析と対応策の検討が的確に行われていることを説得的に示す上で不可欠な証拠となるデータを集め処理する力、すなわち「データ処理力」、問題の的確な分析や対応策の検討に不可欠な多面的な検討及び対応策の実行の前提となる関係者の納得を得るために必要な他者への説明、意見交換の力、すなわち「対話力」となる。
次節では、こうした力をどのように大学教育の中で育てていくか考えていきたい。

3. 文系大学教育のあり方
―専門分野を土俵とした思考訓練に焦点を当てた教育

専門分野は思考訓練の土俵

前節で、文系大学教育で育てるべき力を、思考力、現実問題解決力、データ処理力、対話力と整理した。この中に専門能力が入っていないことに気がつかれるであろう。文系大学では専門能力の訓練は不要なのか。そうではない。文系の大学教育において、専門は考える力を育てる場として位置づけられる。

すなわち、文系大学学部、例えば経済学部で国際経済を専攻する場合、国際経済学という専門分野は思考訓練の土俵として機能する。その土俵の上で、文献を読み、問いを立て、調べ、書き、発表し、討議することを通じ、専門分野への知見を深めると同時に、考える力を訓練していく。これが文系教育の肝となる。

すでにそんなことは何十年もやってきているという反応がありそうであるが、より具体的に考えていこう。

文系の大学教育を思考力訓練と位置づけ、専門分野はそれを行う場であるとした場合、大学のカリキュラムの根本的な修正が求められてくる。思考力訓練型の授業は学生及び教員の負担が非常に大きい。例えば極端な例であるが、先に触れたように東京女子大で行った夏季公開講座は50名ほどの参加者であったが、双方向性を持たせるため、オンデマンドで講義を視聴した後、受講生からの質問を促した。その結果、１００数十問に及ぶ質問とコメントが提出され、リアルタイムで行った質問解説の1コマ（60分）のために4日近くの作業を要することとなった。思考力の訓練は読んで書き、討議をすることによって育つ。従って学生は多くの文献を読み、書き、発表し、コメントを受けて改訂し、また発表し……という作業を求められる。しかも、自分のことだけをやっていればよいわけではない。他の受講生の論文を読み、発表に対しコメントをするという作業も生じる。サンデル教授の白熱教室については学生間の討議の場面ばかりが注目されるが、学生たちは事前の準備段階で大量の関連文献の講読を行っていると聞く。こうした大きな負担を伴う授業は1週間に2〜3科目が限界ではないであろうか。先に紹介したＳＯＡＳで受講生に履修コマ数を尋ねたが、1週間に数科目ということであった。もちろん1科目とると、週に講義2コマ、ゼミ1コマ、計3コマとなるので、数科目でも十分に忙しい。

さらに、考える力は論理と証拠に基づくものであって初めて現実的な力となる。問題を分析し対応策を考えるには、関連するデータを集め、それを処理する技能が欠くことはできない。また、さまざまな情報が英語を媒介として蓄積され、流通している現実を考えれば、英語の習得も欠くことはできない。

専門ゼミでの思考訓練と関連技能習得にフォーカスした教育プログラム

学生にとって大きな負担となる思考訓練とこれも大きな努力が必要な技能習得にフォーカスした教育を行っていくとなると、現在の教育プログラムは大きく見直す必要が生じると考えられる。

こうした思考訓練、技能習得にフォーカスしたプログラムの具体化についてはいろいろな形があり得るが、一つのアイデアをとりあげてみよう。

まず、思考訓練の中核を担うことになるのは専門のゼミとし、大学全体で、その強化を行う。強化とは、ゼミでの読書量の強化（専門書を毎週1冊など週毎の量的な基準を設けることもありうる）、発表量の強化（学期中の発表にも例えば3～5回など回数基準を設けることもありうる。ちなみにオックスフォードの大学院のチュートリアルでは学期中に5～6回エッセー書きをしたが、学部生はもっと多かったのではないかと思われる）、コメント量の強化（クラスメートの報告へのコメントを書面で毎回提出など）を指す。こうした中核的な授業以外の授業については、各専門分野毎にレベル分けし（例えば、同じ科目〈例えば「国際経済学」〉についてOレベル〈初級〉講義とAレベル〈中上級〉講義を設置する)、このレベル分けを専門ゼミの参加要件として活用すること(例えば、そのゼミの専門分野〈国際経済〉のAレベル講義〈「国際経済学A」〉履修をゼミ参加要件とする)などにより、教育プログラム全体を専門ゼミでの教育に向けて収斂させていくことが考えられる。他方、技能科目(データ処理、英語)については一定の水準への到達を卒業要件とすることが考えられる。

先に述べたようにこうしたプログラムでの学習・教育は学生にとっても教員にとっても非常に負担の大きいものである。このため、履修単位数の引き下げ(あるいはゼミの単位数の引上げ)などによる学生負担の引き下げを考えなくてはならない。教員についても、例えば、ティーチング・アシスタントによる文献講読の指導、ゼミ以外の授業のオンデマンド化とAIによる自動採点の採用などによる負担軽減を考える必要があろう。

学生を成長させる教育実現に必要な改革―教育の場としての大学の確立

前節では、文系大学教育が目指すべき方向として、専門分野を土俵として、読み、書き、討議させることを通じて考える力を育てるインテンシブな専門ゼミ及び語学とデータ処理の技能習得のための授業の二つを中心に据えた教育プログラムへのシフトを主張した。

こうした教育プログラムの実行は学生にとっても教員にとっても非常に負担が大きいが、大きな効果が期待できるものである。しかし、日本の大学ではこうしたインテンシブな教育が広く行われてきたとは言い難い。私が役所時代に交流のあった方々の多くが東大を含め自らの卒業した大学の教育に対して強い不満を表明していた（ただし、全員ではなく非常にポジティブな評価をしている方もいた）。東大法学部を経て日銀の監事を務めたある方は「大学は門だけ残してあとは廃止したらよい。入学したという入学証明だけは出せるが、あとは何もないのだから」と酷評していた。他にも東大経済学部を出た役所の同僚であったが「なぜあのようなこと（経済の1つの科目の内容を挙げていた）を学ばせられたのか、いまだに理解できない」と何十年も前の授業に憤慨している方もいた。私自身、日本の大学で育ててもらったという意識は極めて薄いが、オックスフォードでは教員の指導の下で成長させられたという記憶がある。コラム（200ページ参照）で触れる役所の久保田勇夫先輩は、オックスフォード大学留学時に後にノーベル経済学賞を受賞することになるジョン・ヒックス教授のセミナーのメンバーであったが、ある時、ヒックス教授に対して「まだ海のものとも山のものともわからない学生について、こんな丁寧な対応をしている（が）…そんな時間を自らの研究にあてられればもっと良い研究成果があがるのに、もったいないのではないか」と尋ねたところ、同教授は「良いリーダーを育てるために（同教授も行っていたチューートリアルの実施など）それ相応のコストがかかるのは当然である」と答えたそうである（久保田勇夫『新装版 役人道入門 組織のためのメソッド』中公新書ラクレ637）。日本の大学でこうした国の将来性を見据え学生を育てる教育が十分に行われてきたとは言い難いのは、２つの理由があると思われる。

大学における教育に正当な位置づけを

１つは大学の社会における位置づけとそれを反映した大学教員の自己認識の問題である。明治以来、大学は理念的には研究及び研究者育成を最重要の使命としてきたのではないかと思われる。それを反映して大学教員は一般的には自らを研究者と位置付けているのではないであろうか。大学という存在を理念的に考えれば、その究極の存在意義が研究にあることはその通りであるが、現実には東大でも文系学部の卒業生の中で大学院に進学する者は2割弱（２０１９年度）であり、その他の者の大半は学部卒業とともに実社会に入っていくと考えられる。そうであれば、大学の学部教育は、研究者養成を忘れてはいけないが、その主眼は実社会に出ていく学生の力を伸ばす教育の場となることに置かなくてはならない。しかし現実の大学の構造は研究及び研究者養成を中心に構成されており（採用基準を見れば自明である）、第1章で書いたように、熱心に教育するのはバカかもの好きだけになりかねない。大学は研究が最優先、教育はやむを得ない負担という意識を根本から改め、大学における教育に正当な位置づけを与えなくてはならない。

知識吸収を超える教育の重要性

2つ目は、より深刻な問題である。日本社会は高校までの既存の知識吸収型の教育を最も重視し、それを超える教育に信を置いていないのではないかと思われることである。これは、知的訓練を大学入試（つまり高校卒業レベル）までで良いという反高学歴志向ともいえる。これは欧米へのキャッチアップ過程では問題なく機能したのかもしれないが、日本はすでにそうした段階は終えており、既存の知識吸収の上に立って考える能力が求められている。それに企業が気が付いていないというわけではない。何年も前に注目を集めた国際教養大学は「これほど勉強させる大学はない」と言われるほど厳しく集中的な訓練を行う大学で（教員は本当に大変なようである）、それが卒業生の評価を非常に高めたと聞く。企業も力のある学生は評価するのである。

大学における教育を変えるには、大学は学生を成長させることを使命とする教育機関であることをまず出発点として確立する必要がある。大学全体としては、研究及び研究者養成を並行して行う必要があり、「おわりに」で触れるように、研究力の急激な低下に直面している我が国にとって、それは最重要課題の一つであることに異論はまったくない。しかし、研究と教育はそもそも原理が異なることを認識する必要がある。前者は突き詰めれば、面白い、知りたいという研究者側の要因が原動力であるのに対し、後者は他人（学生）のための活動である。従って、それぞれの特性に即した二つのシステムが必要なのであろう。それがどのようなものか、何が最も有効に機能するのか、既存のシステムを前提とせずに根本的な検討が必要であるが、少なくとも研究業績に偏した現在の採用・昇任基準及び研究が本務、教育はやむを得ざる負担と言った位置づけは改める必要があると思われる。

我が国でレベルの高い大学学部教育を実現し、社会の発展に寄与する人材を供給するためには、教育を大学の使命と位置づける意識改革、それを担保する制度改革が避けて通れないと思われる。

4. 文系学部でどう学ぶべきか ―自分の頭で考える力を育てよう（成長へのヒント15カ条）

最後にこれから文系学部で学ぶ若い人はどのように大学で学ぶべきか考えてみたい。

大学生活は短い

まず、認識すべきは大学生活は意外に短いということである。文系で就職を考える場合、３年生になると４月早々からインターンに向け情報収集を始め、５月から７月にかけて応募書類を準備し応募を行い、選考を通過すれば夏休みに数日から1週間程度のインターンに参加する。人気企業では応募倍率は何百倍にもなるそうだが、学生はいくつもの企業に応募するのであろう、結果的には8〜9割以上の学生がインターンを経験すると聞く。外資系など企業によってはもっと早いタイミングとなるようである。3年生の後半になるとより本選考に近いと言われる秋冬インターンがあり、3月からは会社訪問が解禁されて本選考過程に入り、多くの人の就職活動が一段落するのが、4年生の夏休みが始まる頃であろう。就職活動を終えた後は大学生活はフィニッシュに入る。こうしたことを考えると、大学で勉強に専念できる期間は実質的には2年程度であり、1、2年次が重要ということになる。

この2年間に何をすべきか。人生の安定のためには文系学生も弁護士、会計士、司法書士等の資格や公務員試験などの採用試験を目指すという選択肢がある。これらを目指す場合は、そのための準備に集中すべきであろう（そうした道に関心があるなら、個人的にはそれを勧めたい）。仮にそうした選択をしない場合、何をすべきであろうか。これには学ぶ学部が社会学部、政治学部、国際関係学部など間口の広い学部であるほど学生は悩むことになる。

その場合、一つの有用な思考実験は、使用前、使用後ではないが、卒業時にこうなっていたいという自分を思い描くことである。目標が明確に描ければそこに至る道筋も見えてくる。出口を意識して目の前の課題に取り組むことは常に有益である。

もう一つは、できるだけ多くの刺激に自分をさらすことである。知らない世界、異質なものに触れることにより、視野が広がるだけでなく、自分の内からの反応を感じる契機となる。

ただ、時間は限られている。いつまでもそうしているわけにはいかない。限られた時間を自分の将来につながる力を高めるために使わなくてはならない。このため、どこかで出口（どのような形で働きたいか）をできる限り明確化し、そのイメージを手掛かりとして自分が学習する領域を選んでいく必要がある。領域が定まれば、その領域において力を高める作業を行うことができる。

考える力の高め方

ここで高めるべき力は、本章で述べてきた通り自分の頭で考える力である。考える力を高めるための作業として大学生活で行うべきことは、これまで何度も繰り返してきたが、問いを設定し、その問いに対する自分の解を見いだす作業である。こうした作業は最近は多くの大学で設定していると思われる1年次、2年次のゼミでの学習過程で行えるチャンスがある。より具体的にこの作業を敷衍すれば次のようなものとなる。

「問いの設定」

自分が答えるべき問いは何か、明瞭な形で設定する。これが出発点である。

「問いへの解の検討」

ここでは3段階思考が有効である。すなわち、①事実関係の把握（どうなっているのか）、②

問いが提示する問題の原因分析（なぜそうなっているのか）、③対応策の検討（何をすべきか）の三つのステップを踏んで考える。日本の政策形成でしばしば「問題がある。では対策を講じよう」と原因分析がおろそかなまま対応が行われることがあるが、原因が特定されない限り的確な対応は不可能である。

なお、3段階思考の全てを通じて、関連の資料・データ（その問題に関する先行研究や理論があればそれも有用）の収集が大事であり、調べ方を知ることは必要不可欠の力である。

「論理的・説得的な発信」

自分がたどり着いた解は他者に説得的に提示する必要がある。説得性は論理と証拠からくる。言っていることは筋が通っているか（論理的か）、証拠はあるかを意識しなくてはならない。証拠はデータや事実（出来事）からくるので、データ処理を身につけると有益であると思われる。

「他者を巻き込んでいく力」

これは必ずしも論理ではないと言える。地域おこしで「よそ者」、「若者」、「ばか者」が必要であるという議論がある。これは、地域振興には、中にいる人では分からない強みや良さに気が付く外から来た「よそ者」が必要である、物事を進めるには「若者」の力や発想が重要である、多くの人ができるはずがない、ばかげていると考えることに情熱をもって取り組む「ばか者」が不可欠である、というものである。

これらのうち、大学で鍛えることができる力は、問いの設定、解の検討（事実の把握、原因の分析、対策の検討の３段階思考）、説得的な発信に関わる力であろう。これを鍛える場は専門分野を問わない。社会学であれ、歴史であれ、文学であれ、どのような分野のゼミであっても、問いを設定し、解を求めるという作業は普遍的に行われるものである。学生は、この作業をいかに深く、精緻に行うかを競うことで、考える力を養うことができる。

問題解決者となる

こうした訓練は、社会人としての人生に有効に働くと思われる。というのは、社会人となった後、仕事で直面するのは基本的にこのパターンであると言えるからである。営業であれ、企画であれ、人事であれ、仕事は、問題の識別を出発点とし、その原因を把握し、解決していく作業の繰り返しである。考える力の育成は、直接的な「手に職」ではないが、社会のニーズに応え、価値を生むものである。社会人は問題解決者となることを求められているのである。

特に強調しておきたいのは、高校までの勉強では基本的に答えのある問題への対応を訓練されてきたが、社会では解の分からない問題への取り組み、さらには問題の所在さえ分からない場合への取り組みが求められてくることである。大学ではこうした課題への対応の手順とそれを解決する力を身につける必要がある。

書くことの重要性

経験的な感想であるが、その訓練に最も有効であると思われるのは、論文執筆の作業である。卒業論文は必修としている大学とそうでない大学があるが、問いを設定し、その問いに対する自分の解を書き物の形で説得的に提示するという作業は思考力訓練の最も有効な手法であると思われる。書くことは自分の考えをいったん外に出すことであり（「外部化」）、これにより自分の考えを距離を置いて（少し他人の眼になって）見られるようになり、論理のアラや一貫性のなさが見えてくる。大学生活の早いタイミングで、できれば1年次の1学期に、論文の書き方を体系的に学んでほしい。問いの設定の仕方、設定した問いに対する分析の仕方、資料の探し方、論文の形式など論理的な文章を書くために必要な手順を学ぶことは大学生活を通じて非常に重要な技能であると言える。一つ参考資料を挙げれば、戸田山和久（２０２２）『最新版 論文の教室—レポートから卒論まで—』ＮＨＫブックスは論理的な文章の書き方を分かりやすく解説しており、藤沢晃治（２００２）『「分かりやすい説明」の技術』講談社ブルーバックスは、説明時に頭に置くべきポイントを整理して示している。他にも参考となるべき図書があると思われるが、早いタイミングでこうした技術を習得して欲しい。

先生や仲間から刺激を得て吸収し成長しよう

大学生活を送る中で、自分でいくら考えても分からないことがあるかもしれない。そうした時は、ぜひ先生を活用してほしい。冷たい先生に当たってもめげずに別の先生に聞けばよい。先生方は本来の専門以外の分野についてもある程度の感覚は持っていることがあり、有効な助言をしてくれるかもしれない。面倒見の良い先生を探しだす努力を払って欲しい。

また成長のために有効なのは、自分より優れた人達の中に身を置くこと（期待水準の高い刺激的な場に身を置くこと）である（私はこれを「場の力」と呼んでいる）。大学には、優れたクラスメートや先輩がいるはずであり、その人たちから刺激を得て自分を高めていってほしい。

大学は自分の成長だけに集中できる最後の時間である。社会人となれば吸収ではなく、アウトプットを求められる。大学に入るまでの自分よりも大きく成長した大学卒業時の自分を実現すべく、自分の頭で考える力を徹底して鍛えて欲しい。それがこれからの時代を生き抜く力となる。

最後に、私のこれまでの行政や教壇での経験を通じて感じた成長へのヒントを、本文やコラムとの重複もあるが、以下に改めていくつか掲げるので、参考にしていただければ幸いである。

ガンバレ、文系生！

成長へのヒント15カ条

自分の頭で考えよう

知識は考えるに当たっての材料、AIは考えるに当たっての道具である。AIに負けず、AIを超えて活きる、自分の頭で考える力を身につけよう。

良い問いを発しよう

「なぜ?」という素朴な疑問・問いを大事にしよう。良い問いを発することが、思考を深化させる最良の道である

外に出よう

人は外的刺激との相互作用の中で形成され成長する。勇気を出して外国など外の世界・異質のものに触れてみよう。その刺激は大きな成長へのきっかけとなりうる。

迷ったら大変な方へ進んでみよう

AかBか、選択に迷ったら、より厳しい道に進んでみよう。大変な面があるが、予想しなかっ

た自分の力を見いだせるかもしれない。ただし、やってみてどうしてもダメなら潔く転換しよう。

優れた人の中に身を置こう

人を成長させる一つの要因は劣後感である。自分には足りないところがあると感じさせられる、優れた人のいる場に身を置くように努めよう。

与えられた作業は一心不乱にやってみよう

人生は全て自分で決められるものではなく、他律的なところがある。望まない作業をしなくてはならなくなることもあるが、どんなことでも一生懸命取り組むと面白くなる。まずはやってみよう。

力は出し切らないと伸びない

簡単な作業でも手を抜かず許される時間の中で力を出し切って、ほんの少しだけでも上のものにしてみよう。力は出し切ることで初めて伸びる。

小さな成功を続けよう

今は大企業となっているところも一つの成功で大きくなったわけではない。課題レポートでもゼミ報告でも何でも良いので小さな成功を積み重ねていこう。

対外的にコミットして自分を規律付ける

ゼミでの報告や課題の作成などを皆の前でコミットしてしまうとやらざるを得ない。過度のコミットはまずいが、やるべきことを対外的にコミットすることでデッドラインを設定し逃げ道をなくすことも結果を出す一つの方法である。

考える力は書くことによって育つ

書くことは自分の考えをいったん外に出す作業（「外部化」）である。外に出すことにより距離を置いて客観的に見ることができるようになり、論理の一貫性のなさや証拠の不十分性などの問題に気が付く。「読んで読んで、書いて書いて、直して直して」を繰り返すことで、文章の論理性・説得性が向上し、思考の論理性も訓練される。

明晰な文章は誰にでも書ける

川端康成のような美しい文章は誰にでも書けるものではないが、論理的で分かりやすい明晰な文章は訓練次第で誰にでも書ける。明晰な文章を書く訓練をしよう。

書くには読まなくてはならない

小説家の田辺聖子氏は読まないで書こうとすることは理解できないと書いていたが、論文でもレポートでも書くには読まなくてはならない。読むことに7〜8割、書くことに2〜3割の時間配分であろうか。

自分の到達点は文字に残そう

レポートでも卒論でもあるいは仕事でも何かに取り組んだら、その時に学び理解した自分の到達点をメモでも何でも良いので文字に残しておこう。メモがあれば、10年経ってもすぐにその水準に戻ることができる。

先生を活用しよう

自分で調べて考えてどうしても分からないことがあったら先生に聞こう。もし冷たい先生に当たってしまってもめげずに面倒見の良い先生を探そう。先生という先達の助けは謙虚に積極的に受けてみよう。

時には逆算で考えてみよう

仕事は常に逆算であり、出口（期限）から逆算していま何をすべきか考える。大学での生活についても卒業時にどのような自分となっていたいかイメージを持ち、そこから逆算して考えることで、今何をすべきか具体的に考えることができるようになるかもしれない。

コラム　人を成長させるもの

社会学者の内田樹氏が、以前、新聞のコラムで書いていたことである。それによると、人を成長させるものに三つある。一つ目は自己不全感ないし劣後感。自分には欠けた所があり、他の人よりも劣っているという意識である。二つ目は先達あるいはメンター。A地点からB地点まででも良いが、一歩先に導いてくれる人。三つ目はその先達をその気にさせる素直な気持ち、愛嬌。内田氏はこの三つの中で、愛嬌が一番重要だとしている。「学びたいことがあります。教えてください。」と言われて拒む人はいないと書いていた。

私は、この三つの中で考えると、人の成長にとっては、1番目の自己不全感、劣後感が最も重要ではないかと思う。口幅ったいが、自分の経験に即して考えてみたい。

前はよっぽどひどかったのか

少し前に大学時代から親しくさせていただいているクラブの先輩に拙著（『日本経済長期低迷の構造』）を贈ったところ、「大学時代の荒巻からは想像できないな」とのコメントをもらった。すでに書いたが、留学を終えて霞が関で再び勤務を始めたところ、留学前の入省1〜2年目の頃の複数の上司から「(以前とは）全然違うね」「人が成長するというのはいいねー」などと言われた。確かに2年目に勤務した課では口の悪い上司に「荒巻君は0点」と言われたこともあった（周りの人は「今日の被害者は荒巻君だったたな」と同情気味であったが)。おそらく、大学時代、あるいは就職後もある時期までは私の仕事ぶりは相当にひどかったのであろう。それが成長したのかどうか本人は評価する立場にはないのだが、どこかの時点で何か変化していったことは確かだと思われる。

劣後感

それが成長と呼べるかどうかは別として、何か変化があったとすればその原因は何であったのだろうか。

まず思い当たることは、大蔵省という職場環境である。入省後まもなく仕えた直属の係長は、最初の配属先で「天才」と呼ばれた高い能力の持ち主であり、私もその処理能力の高さには驚かされた。香港からの帰国子女であったこともあるかもしれないが、IMFから送られてきた30ページ以上ある専門技術的なペーパー（英文）を、かかってきた何本もの電話に対応しながらわずか2~3時間で読了したばかりか、4~5ページの簡潔な日本語による要約文書を作ってしまった。私などは読むだけでも1日以上かかるようなペーパーであり、その能力の高さには驚嘆した。

当時の大蔵省は文書で仕事を進める伝統が残っており、文章の論理性への要求は非常に厳しかった。少しでもあいまいなところ、矛盾しているところがあると、パンッとはねられてしまう怖さがあり、鋭い上司に説明するときには舌のしびれるような緊張感を感じた。

こうした場で否応なしに自分は他の人よりも劣後しているという感覚が育っていったのではないかと思われる。こうした劣後感を覚える環境というものは大学までではなく（高校の時に一時似た感覚を持ったことがあったが）、役所に入った頃は、無意識のうちにどこか傲慢になっていたところがあったのだろう。それが、こうした先輩たちを見ていて次第に消えて、自分は他の人に劣後しているという謙虚な気持ちになっていったのではないかと思われる。

留学

　そうした気持ちをさらに強くしたのが留学であった。入省後3年目にオックスフォード大学大学院に留学した。

　しかもそこで最も難しいといわれていたコースに入った。そこに入れたのは自分の力だけではなかった。留学前に所属していた課の上司は数学を専攻した理系の方で、私がオックスフォード大学に提出する願書に添える論文を、「後であの時に見てくれなかったと言われたくないからな」とぼやきながらも自分の論文であるかのように読みアドバイスをしてくれた。そのおかげで願書に添えた論文は私の実力以上の論文となり、オックスフォードの学部（Philosophy, Politics, and Economics（PPE）といわれる看板学部）に願書を出したにもかかわらず、経済の大学院（Bachelor of Philosophy (B Phil) (economics)）から入学受け入れの回答が来た。入省時の別の上司でその B Phil(economics)を修了した方からは「留学なんて楽なものじゃない」「(やりたいことをする）時間なんてなかった」と聞いており、そのコースには暗く怖いイメージを持っていた。数年前に建設省（現国土交通省）からこのコースに留学した方は、その厳しさについて「目から血が出るよ」と表現していた。事実、レベルを維持するため、毎年何人かは落とすといううわさがあり、2年間のコースの最後に一度だけ5科目の最終筆記試験があってそれで合否が決まるというプレッシャーの高いコースで、時折自殺者が出るとも聞いていた。しかしオファーが届いたのは留学に出発するまでそれ程時間のないタイミングであったため、これを受諾し、覚悟を固めて留学することになった。直属の係長からは、「あっちに行って苦労すると思うよ」と言われたが、その通り大変に苦労することとなった。

B Phil（economics）（在学中にM Phil（economics）と名称変更）と呼ぶそのコースには同時期に政府及び日本銀行から私を入れて3名が留学し、もう1人英国の船舶会社の奨学金でやはり政府から女性が1人留学しており、日本人は4名であった。私以外の3人のうち2人は経済学部出身で、もう1人は都市工学専攻で数学は抜きんでていた。私は経済学はほとんど学んだことはなく、数学が強いわけではなく、英語力も極めて凡庸であった。いわば三重苦を抱えていたと言える。その年にコースに履修登録した20数名の中で最も準備不足な学生であっただろう。もう1人経済学をほとんど学んでいない米国からの留学生がいて、「一番準備不足なのは我々だな」と言い合っていたが、その学生は1年目にさっさと別のコースに移っていってしまった。2年間の生活は最初から残された日にちを数え、先に明かりの見えない、暗いトンネルの中にいるような日々となった。朝起きて、授業があればそれが行われるカレッジに行って聞き、図書館でチュートリアルに向け文献講読を行い、夕方に寮に戻り、学食での夕食後また12時近くまで机に向かうという毎日でチュートリアルの前日にはエッセー書きでほぼ毎回徹夜となった。私より1年遅れて企業派遣でやってきた大学時代の卓球部の後輩は「訪ねていくと机に向かっていて、上半身はこちらに向けるのだけど下半身は机に向かったままだ」と言っていたようだ。ボトムの学生という意識があったので、他に選択肢はなく、読んで、読んで、書いて、書いて、という生活を毎日続けた。あまりに先の見えない生活に、大蔵省の同期生でアメリカに留学していた友人に手紙で窮状を記す手紙を書いたところ、彼が大学時代に属していたボート部の「自らの力を信じよう」という言葉を贈ってくれた。少し勇気づけられる気持ちであった。その後も2年目の冬までは、いくら読んで書いても全く先に明かりは見えてこなかった。ところが、6月に試験のある最終年の3月頃に少し力が付いたかと感じ始め、その後指数関数的な伸びがやってきた。我々留学組は次の年の再挑戦(1回だけ許されるというルールがあった)ができないので最初で最後のチャンスである最終試験では筆記5科目ともに安定的な成績で合格することができた。これは、1年目の最後の学期から親身になって指導をしてくれた指導教員のドナルド・ヘイ先生（敬虔なクリスチャンであった）のおかげである。ヘイ先生は、経済学の素養の少ない私が最終試験に通るはずがないと思われたのか当初他のチューターから熱心な指導を受けることができず全く手応えのないままに2学期が過ぎた時に、私の方から望んで指導を仰いだ先生である。初めて面談した際に、1年目の過ごし方を聞いて深刻な顔をしつつ「これから大変だと思うが、やるか」と言われ、「やります」と答え、そこから全てがスタートした。学期中ばかりでなく、夏休みにも国際経済について特別なチュートリアルをアレンジしてくれるなど熱意のこもった指導をしていただき、私が最終試験に受かった時は小躍りして喜んでくれたと聞いた。

このコースでは筆記試験で合格ラインに達していないと口頭試験にかけられ、その年も何人かは口頭試験の結果不合格となった。幸い日本からの留学生は、最終的に全員合格した。ただ、2022年に東京女子大学を離れるに当たり、研究室に置いてあったオックスフォード大学時代の古いノートを整理したところ、ノートは3500ページに及んでいた。英国を離れるに当たり、「もうあんな生活は2度と送りたくない」と思ったのも事実であるが、この生活がその後のIMF勤務、大学での経済の講義につながっていくことを当時は知る由もなかった。

留学を終え、なぜか分からないが謙虚になったように思える（他人から見るとそうでもないかもしれないが）。これが、長年希望していた留学を実現できたという満足感からなのか、留学先で自分の至らなさをいやというほど味わったためなのかはわからない。

「ひっかき傷を残せ」

大蔵省に戻り、役所で挨拶回りをする中で久保田勇夫先輩に会った。大蔵省では多くの尊敬する先輩に会ったが、その中でも後に課長補佐として仕えることになった久保田先輩は仕事上でも私的にも理想的な上司であった。久保田先輩はオックスフォード大学大学院で私の履修したB Phil(economics) というコースで学位をとった初めての日本人である。私はトンネルの中で先の明かりも見えないような2年間であったが、何とか合格して帰国し、初めて挨拶をした。遠くから見ると怖そうな先輩という印象であったが、「オックスフォード留学から戻りました」「おお、どうだった」「何とかB Phil（改めM Phil）を取得しました」と挨拶すると、「すごいなー。最近は皆とってくるのだなー」と温かく対応していただいた。「大変苦労しました。留学前にご助言をいただきに伺うべきでした」と本音で申し上げたことを覚えている。その後上司部下の関係となったが、仕事をしていると、100メートル競走で70メートルくらい離されて走っている気がした。久保田先輩から言われたのは「あるポジションで仕事をしたら、『ファイナンス』（大蔵省の広報誌）への寄稿でも何でもいいので何かひっかき傷を残せ」ということである。そこで仕事をして何を得たか（残したか）を形として残せということと受け止めた。以来、できるだけ形を残すように努めてきたが、まだまだ力不足を感じている。

場の力

こうした役所勤めの初期や留学時代の日々を思うと、置かれた環境の重要さをつくづく感じる。そこで思い出すのは、国際協力銀行（ＪＢＩＣ）の研究所に勤めていたときに一橋大学で経済を教える奥田英信教授から聞いた話である。奥田先生はアメリカの大学院の経済学研究科に留学したが、数学を経済学専攻の学生と履修するか、数学専攻の学生と履修するか、内容は同じであるが、選択ができ、奥田先生は数学専攻の学生と一緒に履修するクラスを選んだそうである。すると、クラス全体の水準が経済学専攻の学生のクラスよりもはるかに高く、結果として期待水準も高くなり、学習効果も格段と高いものとなったとしていた。私はこれを「場の力」と名付け、成長にはこれが非常に重要であると考えるようになった。後に東大で教えるようになって東大の良さはこの「場の力」にあることを感じた。クラスメートが自分よりも優秀であり、自分が劣後しているという認識は成長を促すと感じる。逆に自分が世界で一番優秀であると思っているとしたら、学ぶ力は弱まってしまうのではないかと思う。東大で私の所属した専攻の学部後期課程には成績の良い学生が多かった。その教え子たちが卒業時に開いてくれた謝恩会で、卒業生に「君たちは自分を優秀だと思っているのではないかと思うが、その意識は成長を阻害する可能性がある」と話したところ、1人の学生が「どうすればよいでしょうか」と聞いてきた。私は「自分より優れた人たちのいるところに身を置くと良い」と助言した。

他律の中の自律

ただ、自分が身を置く場は必ずしも自分で選べるわけではない。しかし、選べないことがプラスに働くことがある。「他律の中の自律」とは東大の教養学部報（2004年11月4日第478号）に掲載した私の赴任の挨拶記事のタイトルである。副題には「仕事と自己開発」と付した。これは組織に帰属すると、仕事を選ぶことはできず、他律的にやるべきことが決まってくること（30年近い大蔵省（財務省）勤務で就いたポストは20カ所であった）、その中で自己が形成・開発されてくるということを意味している。私も教育の仕事に違和感はなかったが、自分で選んだわけではない。他律的に地方の大学で働き始め、そこで教育の楽しさ、喜びに気が付き、その後周りの方々のご配慮と偶然のめぐり合わせの中で、ごく自然な形で大学を仕事の場としていった。前にも少し似たようなことを書いたが、自分が何に向いているかといったことは本人には分からないことがほとんどではないだろうか。組織が与えた仕事、あるいは偶然就いた仕事を通じて、本人も気が付かなかった興味や適性が顕在化することがあるように思う。人生は全て自律的に選択できるわけではなく、他律的、あるいは偶然という部分がどうしてもある。その中で何をするかが重要で、それがその先にポジティブなものが待っているか、そうでないかを決める気がする。「組織は仕事を与え、仕事は人を作る」ということである。大蔵省は、まったく未経験の仕事に移っても「ひと月たったら一人前」となることを期待される厳しい職場であったが、そこでさまざまな仕事と多くの上司同僚に恵まれ育ててもらったと考えている。ただ、ある大学でゲストスピーカーとして呼ばれた時に、「組織はありがたい、自分では選ばない仕事でもさせてくれる、それが成長につながる」と話したことがある。すると授業後に学生が提出したコメントシートに「決められた同じ仕事を毎日こなしていくことが向いている人もいます」と書いてあった。確かに人の成長の道は多様であるのだろう。

予想もしない自分

私はスポーツ選手が何気なく口にする言葉に常に注意を払っている。例えば、元巨人軍の王貞治選手は長嶋茂雄選手とともに、戦後の野球界のヒーローであるが、現役時代非常に多くの練習をこなしたと伝えられる。当時すでに超一流の選手であったわけだが、誰であったか評論家が王選手を指して「(不思議なことに) 良い選手ほどたくさん練習する」といったコメントをしていた。その王選手は胃がんを患い、胃の摘出手術に出ていく日のスポーツ新聞に「自分は毎日練習に出るとき、今日が人生最後の日だと思うようにしている。そうするとどんなに厳しい練習も意外につらくない」と述べたとの記事が載っていた (そしてその後「行ってきます」と言って手術室に向かったそうである)。これは私が今までの人生で聞いた最もすごい言葉である。こうした覚悟でその日その日を送ることが人を予想もしない高みに連れて行ってくれるのであろう。

予想しないということでは、東大の頃に専攻長を務めていた先生が大学院生向けのガイダンスで言った言葉は心に残っている。当時日本経済新聞が電車のつり広告に「なりたい自分になっていく」というキャッチコピーを載せていたが、その先生は「よくできたコピーであるが、少し違うように思う。研究をしていると、その結果、なりたい自分ではなく、予想もしなかった自分になっていくということがある」ということを話された。これこそ成長ということであろう。私も大学時代に法律を勉強し始めた頃は (私の元々の専門は法律である)、いずれ東大から誘いにくるような法律の専門家になろうと考えたこともあったが、まさか東大で経済を教える日が来るとは考えていなかった。予想もしなかった自分である。

日々の積み重ねの重要性

場を得る、得ないは別として、ある場に身を置いたとした場合、どうすることが成長につながるのだろうか。これに単一の答えはないと思うが、一つだけ確かなことがある。それは日々の積み重ねの重要性というおもしろくも何ともないことである。「小さなことを積み重ねることが、とんでもないところへ行くただ一つの道」これは野球選手イチローの言葉である。あれほどの天賦の才能に恵まれたプレーヤーがこの言葉を発するところに人生の真実があると感じる。

ある有名なラグビー選手が名門高校時代に弱小校と練習試合をして大量得点で力を余らせて勝ってベンチに戻ると、監督から「なんだ今の試合は」と烈火のごとく怒られ、「力は出し切らないと伸びない」と厳しく言われたと書いていた。

水泳の池江璃花子選手は闘病から復帰してオリンピック出場につながる大会で優勝を果たした後、「自分が勝てるのはずっと先のことだと思っていた……努力は必ず報われるんだなと思った」と話した。しかし、同じオリンピックで「報われない努力もある」と語ったのは体操の内村航平選手であった。おそらく真実は、努力すれば必ず報われるということではないが、努力しなければ報われることはまずないということなのであろう。

現実の厳しさを再認識させられた記憶がある。駒場の専攻の談話室で同僚の先生方と話をしていて、ある博物学者が「30年間一つのことに努力を重ねれば誰でもその分野で第一人者になれる」といった趣旨の発言をしたことを紹介すると、2人の同僚の先生が同時に「それは絶対にない。努力してもダメなものはダメである」と発言した。これは厳しい言葉であるが、研究者の卵を見てきた率直な印象なのだろうか。

小寺三原則

研究の道についても思い出すことがある。駒場の同僚に小寺彰先生という大変優れた先生がおられた（惜しいことに早くに亡くなられた）。研究はもちろん、実務的な能力にも恵まれ、専攻会議ではいつも身も蓋もない率直な（しかし的確な）発言をされていた。小寺先生は指導する学生が大学院に進みたいというと修士までは良いが、博士課程に行きたいという学生がいると、「次の三つの条件のうち一つでも満たすものがあればよいが、そうでなければ博士課程はダメだ」とし「第一条件は、自分は誰の目から見ても優秀である」「第二条件は、自分の親あるいは配偶者の親が金持ちであり、お金の心配は全く要らない」「第三条件は、研究さえできればどんなに貧乏してもよい」「さあ、どうだ」というものであった。第一条件クリアをいう人はさすがにめったにいないので、結局は第三条件の覚悟があるかという問いである。研究者としての人生の厳しさをよく表している。

刺激にさらす

　こうして考えてみると、1997年に初めて地方の大学で教壇に立って以来、私が大学で行ってきたことは学生をいろいろな場にさらすことだったのかもしれないと今になって思う。地方の大学でゼミ生をタイやベトナムに連れていったこと、埼玉大や京大で研究者だけでなく実務家の書いた広範な文献に触れさせた後、毎回のように全員に報告をさせ講師やクラスメートとの間で討議をさせたこと、東大や東京女子大の基礎演習で文献講読や小論文報告に対しクラスメート全員からのコメントを書きもので提出させ本人に渡し他者の率直な見方に触れさせたこと、国際機関の現役やOB／OGに現場の経験を話していただいたこと、これらは皆学生をさまざまな刺激にさらす試みであったと見ることができる。前に、人間は外部からの刺激への反応を通じて形成されると考えていることを書いた。学生にこうした刺激を与えることで、学生から反応を引き出すことができる。誰がどのような刺激に対しどのように反応してくるかは分からない。こちらは、さまざまな刺激を受けられる場を用意し、それぞれの学生が反応してくるのを待ち、反応があれば必要に応じて助言をしていくことで学生は伸びていくのだと思う。これが先達である先生の役割なのではないかと考えている。

追想　直感的な疑問を大切に—業務報告から研究書の執筆まで

本文で書くことの重要性を何度も繰り返したが、改めて自分がどのように書いてきたかを以下にもう一度まとめて記した。ここからみてとれるのは、やや口幅ったいことであるが、書くことから逃げないように努めてきたこと、内容が次第に仕事内容を紹介するものから分析的なものへとシフトしていったこと、それが単著の公刊がきっかけとなったことである。また英語で発信することが世界を広げることも分かる。ご参考になれば幸いである。

1. 原稿依頼は断らない

私は１９７６年４月に大蔵省に入省し国際金融局総務課に配属になった。それ以来役所に約30年、オーバーラップがあるが途中から大学や研究関係のポジションに就くことが増え、２０００年代半ばには大学に移ることになった。

20代の頃から担当業務について原稿依頼があると断らないことを主義としていた。原稿執筆を受けると、週末に調べ物をしたり書いたりする必要が生じ休めなくなるなど負担は大きい。しかし、なぜか分からないが、担当したことを一度自分の頭で整理しておきたいという気持ちがあり、執筆依頼を受けていた。

外部の雑誌などにしばしば原稿を書き始めたのは、建設省に出向し係長をしていた１９８０～８２年である。左記はその頃書いた業務関連の記事である。
「老人の住居に関する施策と住宅宅地審議会答申について」１９８０年11月、『老人問題』
「昭和56年度建設省重点施策における住宅政策について」１９８０年11月、『財形』
「昭和57年度建設省重点施策における住宅政策について」１９８１年11月、『財形』
「高齢化社会と住宅政策」１９８２年1月、『住宅』
「住宅宅地問題の現状と展望―Ⅰ住宅問題の現状と展望」１９８２年3月、『地方行政連絡会議』
「住宅政策における障害者対策」１９８２年6月、『月刊建設』

その後、建設省から大蔵省に復帰し、町田税務署長に転出、そこで1年勤めた後、国税庁企画課、そして主税局国際租税課と税畑を歩んだ。主税局では、関係会社間での取引価格の設定を通じた国際的な所得移転に対処するための税制である移転価格税制を導入する機会に恵まれた。この税制は新しい仕組みであり、左記の執筆記事に現れているように、企業や税務の専門家の関心は極めて高かった。
「移転価格税制の創設」１９８６年6月、『改正税法のすべて』
「移転価格税制の導入(上)(中)(下)」１９８６年5～6月、『財経詳報』5月26日号、6月2日号、

6月9日号
「移転価格税制の導入」1986年6月、『会計ジャーナル』
「移転価格税制の創設」1986年7月、『ファイナンス』
「移転価格税制の和・英対照表」1986年11月、『国際税務臨時増刊』（共著）

1987年夏、主税局からIMF財政局租税政策課にエコノミストとして出向したが、当時の財政局長ヴィトー・タンツィー氏（大変に生産性の高い方で、80代になっても単著を出版し続けている）は局員にリサーチを推奨し、ペーパーを書くことを求めていた。私は課内の同僚とともに、各国間の税制の違いが国際的な資本フローにどういったバイアスを与えるかという問題について共同論文を執筆、国際会議で報告し、左記のように、米国で権威のあるNational Bureau of Economic Research（NBER）から単行本の1章として公刊する機会を得た。その過程でタンツィー局長からは「リサーチをする時は、良い質問をすることが大事だ」ということを教えていただいた。

A. Lans Bovenberg, Krister Andersson, Kenji Aramaki, and Sheetal K. Chand "Tax Incentives and International Capital Flows: The Case of the United States and Japan" in Assaf Razin and Joel Slemrod (eds.) Taxation in the Global Economy, 1990, National

Bureau of Economic Research（共著）

ＩＭＦから帰国し、証券局に配属になり、ディスクロージャー制度の大きな見直しを行った。そこにはディスクロージャー義務の対象外となる証券発行の類型として、従来からの少人数を相手方とする場合に加え、プロを相手方とする場合という新しい類型を導入する改正が含まれていた。この改正も関係者から大きな関心を寄せられるものであった。改正について単行本を書くべきであると役所の先輩から促されたが、直後に米国赴任となり、果たすことができなかったのは残念であった。

「ディスクロージャー小委員会報告の概要」１９９１年6月、『商事法務』6月25日号

「証券取引法におけるディスクロージャー制度の改正」１９９２年8月、「商事法務」8月15日号

法改正直後に赴任した米国では、ニューヨークにある証券経済研究所のニューヨーク事務所に勤務した。現地のメディアに掲載される証券関係のニュースを隔週でとりまとめ Securities News Digest として東京に送るほか、米国証券取引委員会（ＳＥＣ）等のレポートをフォローし、逐次東京に送っていた。現地の弁護士に依頼をして「米国証券市場における不正行為の歴史」と

いうレポートをまとめてもらったこともあった。当時、日本では証券関係の不祥事が続き、証券市場への信頼感が揺らいでいたが、米国もそうした経験があるに違いないと考え、調べてもらったものである。東京に送付したが、帰国後役所に挨拶回りに行った際に、当時の証券取引等監視委員会の委員長がこのレポートを大きな関心をもって読んでおられたことを知った。この時期に個人として関心を持ったテーマは企業のガバナンス（企業の統治システム）で、米国のガバナンス議論の変遷をまとめた左記の論文を書いた。この論文を通じてコーポレート・ガバナンスという言葉に初めて触れたという同僚もおり、参考としやすい形で米国の議論の変遷をまとめたものとして日本では比較的早いタイミングでの論考であったのか、東大の商法の先生からは「好論文である」と言っていただいた。

「コーポレート・ガバナンスと国民経済─市場の近視眼性及び制度化されたガバナンス手段行使の費用対効果の問題」１９９４年5月、『証券レビュー』

「コーポレート・ガバナンス（企業の統治の在り方）─米国の経験と我が国企業のガバナンスの実態、今後の課題─（上）（下）」１９９４年、『ファイナンス』7月号、8月号

2．欧米の手の平返しへの違和感─『アジア通貨危機とＩＭＦ』（1999）

ニューヨーク勤務から東京に戻り、証券局、国際金融局を経て、地方の大学に出向した。本文

で記したように、大学への発令日の翌日、1997年7月2日はアジア通貨危機勃発の日（タイ・バーツ暴落の日）であり、大学での2年間はアジア通貨危機とともに進行した。危機勃発直前までアジア経済を誉めそやしていた欧米の経済学者や国際機関がまるで手の平を返すように、アジア経済の構造的な問題を指摘し始めたことに強い違和感を覚え、それが研究の原動力となり、徐々にこの出来事は金融現象、すなわち、金融市場での投資家のパニックではないかという考えるようになった。まず、大学の紀要に英文で寄稿（"The Asian Crisis and the Prescriptions by the International Monetary Fund"）し、その後、章立てを大きく拡充し、1999年、日本経済評論社から左記の初の単著を上梓した。幸い、多くの雑誌等で書評を掲載していただき、拙著の主張を好意的に引用してくれる書籍もあり、東大の経済学部のゼミの中には講読文献として読んでくれたところもあったようで、初の著書は比較的好評であった。

『アジア通貨危機とＩＭＦ　グローバリゼーションの光と影』1999年、日本経済評論社

3．研究的な論考執筆依頼の増加

大学から東京に戻り、経済企画庁調整局財政金融課長として政府経済見通しを担当し、下記のような政府見通しについての解説を執筆した。

「平成12年度政府経済見通し」2000年2月、『ファイナンス』

「平成13年度政府経済見通し」２００１年2月、『ファイナンス』

しかし、この時期から今までと異なり、業務関連の原稿依頼ではなく、研究的な原稿執筆依頼が寄せられるようになった。上述の単著をご覧になった方が声をかけてくれたものと思う。求められるままに書いていったものが左記である。

「インドネシア危機とＩＭＦ処方箋」２００１年3月、黒岩郁雄編『アジア通貨危機と援助政策の再検討』アジア経済研究所

「１９９７～９８年国際金融危機とアメリカの対応」２００１年、渋谷博史・井村進哉・花崎正晴編『アメリカ型経済社会の二面性』東京大学出版会

「グローバリゼーションとＩＭＦ」２００１年6月、『ACADEMIA』（社）全国日本学士会

「ＩＭＦ改革」２００１年9月、２００１年度日本金融学会秋季大会発表論文

「インドネシア危機とＩＭＦ改革」２００２年3月、黒岩郁雄編『アジア通貨危機と援助政策―インドネシアの課題と展望―』アジア経済研究所

経済企画庁、その後の内閣府勤務から２００１年夏に国際協力銀行（ＪＢＩＣ）の開発金融研究所に移ったが、その時期にＩＭＦが国際的な倒産法制（Sovereign Debt Restructuring

Mechanism: SDRM）を作るという提案を行った。結果的に棚上げとなったが、その提案を分析したものが左記である。この論文は、証券局時代にお付き合いのあった東大の別の商法の先生も注目してくれていたようであった。

「日米の再建型倒産法制に照らしたＳＤＲＭ提案の特性と今後の検討課題」２００３年2月、（財）国際金融情報センター『今後の我が国の債務問題に対する取り組み』

「ＳＤＲＭ―ＩＭＦによる国家倒産制度提案とその評価―」２００３年3月、『開発金融研究所報』国際協力銀行

4．英語での発信は世界を広げる

ＪＢＩＣ勤務時代には、１９９７年に赴任した地方の大学の前任で当時在英国公使をしていた式部氏の紹介で英国のシェフィールド大で開催された国際シンポジウムに参加し、我が国の開発援助政策に関する報告を行い、その後この報告をもとにまとめた論文が左記の書籍に収録されることになった。

“Bretton Woods Institutions and Japan’s Response-Past, Present and the Future-” in Glenn D. Hook and Harukiyo Hasegawa eds. Japanese Responses to Globalization, Palgrave Macmillan Asian Business Series (2006)

さらにＪＢＩＣ時代の２００４年5月には中国で開催された財務総研と中国社会科学院共催のワークショップに黒田東彦内閣官房参与（当時）とともに参加し、日本の資本取引自由化の経験について報告を行ったが、これを和英で論文化したものが左記である。

"Sequencing of Capital Account Liberalization-Japan's experiences and their implications to China- Public Policy Review, Policy Research Institute, Ministry of Finance, Japanese Government (2005)

「資本取引自由化の sequencing －日本の経験と中国への示唆－」国際協力銀行『開発金融研究所報』（２００４）

これらの執筆から10年近く経過した２０１４年初頭に突然米国ボストン大学からメールが入った。日本の資本取引自由化プロセスと円の国際化への取り組みについて、ボストンでのワークショップで話をして欲しいという招待講演の依頼であり、これを受け、初春のボストン大で行ったプレゼンテーションは左記の形でまとめられた。その後、ボストン大が中国社会科学院等との共催で北京で開催したコンフェランスにも招かれたが、担当教授は２００５年の英文での論文を読んで声をかけたとしており、英語での発信は読み手を格段に増やし、世界を広げる可能性があることを実感させられることとなった。

"Capital Account Liberalization: Japan's Experience and Implications for China" Kevin P. Gallagher ed (2014). *Capital Account Liberalization in China: The Need for a Balanced Approach* Boston University Pardee Center Taskforce Report

5. 非正統的危機対応策の有効性―『金融グローバル化のリスク』(2018)

2004年に東大に移ってからは、初の著書で宿題となっていた国際金融危機と資本取引規制の関わりの問題に取り組んだ。アジア通貨危機時には、タイ、インドネシア、韓国のように極めて深刻な影響を受けた国と、中国、ベトナム、台湾のように比較的影響が少なかった国があり、この違いをもたらしたものは資本取引規制の違いではないかとの直感はあったが、1999年の著書刊行の段階では将来の検討課題とした。東大に移った後に科学研究費助成金の支援を受け、大学院生のRA(リサーチ・アシスタント)の手を借りながら、1980年代以降のアジア主要国の資本取引規制の変遷を整理する作業を行い、次第に深刻な危機に陥った国では、1980年代末から90年代前半にかけ、不安定な資金の国内への流入を促進する結果となった規制緩和措置あるいは流入促進措置がとられていたことが分かってきた。この研究結果は、左記にまとめた。

「資本取引自由化と国際資本フロー―韓国、タイ、インドネシアのケース―」財務省財務総合政

策研究所『フィナンシャル・レビュー』93号（2009）

こうした資本取引規制の緩和が深刻な危機の背景にあったということから、資本取引規制の自由化（及びその結果もたらされる国内経済の金融面でのグローバル化）は果たして経済にプラスをもたらすものであるのかという問題意識が生まれた。IMF調査局長が名を連ねたIMFのペーパーで資本取引自由化について指摘される理論的利益（経済成長の促進、消費の安定化等）は実証的には基本的に確認されないとの結論が提示されていることを紹介し論評した論文（左記）をJBIC時代の2004年に執筆していたが、そうした知見を含めグローバル化の推進要因とそのプラスとマイナスのインパクトを包括的に整理した論文を執筆し、金融グローバル化のリスクを指摘したのが左記の2009年の論文である。さらに、こうした知見を踏まえ、この時期には、欧米を訪ね、米財務省やOECDなどで、新興国・途上国の資本取引規制の緩和を推進したのは誰であったのかを探っていった。

「金融グローバル化が途上国の成長と不安定性に与える影響―IMFによる実証結果のサーベイ―」国際協力銀行開発金融研究所『開発金融研究所報』2004年2月第18号

「グローバリゼーション：ベネフィットとコスト・リスク」浦田秀次郎・財務総合政策研究所編『グローバル化と日本経済』勁草書房（2009）

2008年9月にはリーマンショックが発生、世界経済は戦後最悪の不況に突入し、翌2009年にはギリシャの財政問題を契機に欧州ソブリン債務危機が発生する。これらについて、まとめた論文は左記の通りである。
「グローバル・インバランスと世界金融危機」渋谷博史編『アメリカ・モデルの企業と金融』昭和堂、2011
「欧州債務危機」東京大学大学院総合文化研究科国際社会科学専攻紀要『国際社会科学2011』第61輯　2012
この時期には、中国が人民元の国際化に極めて前向きの動きを見せていたが、調べていくと、下記の論文で示したように、中国の資本取引の自由化は、基本的には、大きな規制の枠組みを維持しながら、その枠内で緩和を実施しているものであり、原則として中国は慎重な姿勢を維持していることが確認できた。
「中国の資本取引自由化―1980年代以降の緩和プロセスとその特徴―」(小川英治責任編集『中国資本市場の現状と課題』2013年　資本市場研究会)
2011年からは、新たに科学研究費助成金の支援を受けて、国際金融危機に対して効果的に対応する手段としての二つの非伝統的な措置、すなわち、ＰＳＩ（Private Sector Involvement）（危機の解決への民間セクターの関与（典型的には融資残高の維持）を求めるもの）と資本流出規制の事例の研究を進めた。ＰＳＩについては、１９９７年末の韓国を対象とするＰＳＩの試みの成功（13ヵ国の当局がそれぞれの国の銀行に対して対韓融資の維持を説得）以降顕著な事例が見られなかった中、リーマンショック後に資金流出圧力が高まりかねなかった中東欧の新興欧州の国々を対象として、ＥＢＲＤ（欧州復興開発銀行）が中心となって推進したＰＳＩ（融資残高維持）の試み（当初 Vienna Initiative、後に European Bank Coordination Initiative と呼ばれた）が生まれた。欧州出張を通じ、その経緯と当事者の考え方を調査し、結果、ＥＢＲＤなどによる外向けの言い方とは異なり、この試みには民間セクター（欧州の銀行）が中東欧等への融資残高維持のために必要な公的当局の関与（母国による支援資金を外国の融資残高維持に活用することを妨げないこと等）を求める Public Sector Involvement の側面があることに気が付かされた。さらに２０１４年から1年間サバティカルをいただきＳＯＡＳに所属していた間に、２００８年のリーマンショック後に国の銀行システムの85％以上のシェアを占める三大銀行が相次いで破綻するという危機下で、広範な資本流出規制を敷いたアイスランドを調査し、結果、ＩＭＦが資本流出規制の維持を融資の前提として主張したという驚くような事実を把握できた。

こうした調査の結果を盛り込んで、初の著書上梓から20年近く宿題となっていた資本取引規制と国際金融危機の関わりについて整理して本にまとめたのが、金融グローバル化のリスクを論じた左記の2冊目の単著である。この本は日経新聞の経済図書賞の最終選考まで進み、審査委員長の吉川洋先生からは「好著である」とのコメントをいただいた。また、いくつかの経済誌などで書評をとりあげていただいたが、その1つで「おそらく類書はないのではないか」と評していただいたのは、20年近い単独での作業を認めていただいた気持ちでうれしく感じた。また、初の単著『アジア通貨危機とＩＭＦ』からこの著書に至るまで一貫して主張してきた資本フローの不安定性に対処する必要があるという考えが、国際社会でも次第に支持を広げ、ＩＭＦも自由化優先の姿勢を改め、一定の条件の下で、資本規制を含めさまざまな手段を用いて資本フローを適切に制御することの重要性を主張することとなったのは研究者としてうれしいことであった。

『金融グローバル化のリスク―市場の不安定性にどう対処すべきか―』２０１８年　日本経済新聞出版社

6．これは必然だったのか―"Japan's Long Stagnation, Deflation, and Abenomics"（2018）、『日本経済長期低迷の構造』（2019）

ここまでを振り返ると、たまたま初めての大学への赴任と同時期に発生したアジア通貨危機について本を執筆したことで、研究的な世界に足を踏み入れ、また教育の楽しさにも触れ、埼玉大、京都大で教え、２００４年には東大に移り大学人となったわけだが、大学に移り授業や上記の研究上の宿題への対応をしている中で、かねてから疑問に感じていたテーマに取り組みたい気持ちが強まっていった。それは日本経済の長期低迷のメカニズムの把握である。１９７６年に役所に入り、70年代～80年代にかけ日本経済の力強さを感じ、その後世界的に脅威とまで見られた後に、日本経済は90年代以降まるでゆっくりと坂道を下りるように停滞の度を強め、世界におけるプレゼンスを急速に低下させた。これはなぜなのか、果たして必然だったのか、別の道があったのではないかという疑問は常に胸の中にあった。

本文で記したように２０１１年の春以降、学生とともに3学期連続で日本経済の長期低迷のテーマを追及し、多くの書籍、論文を読み、データを分析した。その後、サバティカルで所属したロンドン大学のＳＯＡＳ（東洋アフリカ研究学院）で客員教授として同僚とともに1年間の日本経済コースで教えるためにさらに研究を進めた。

サバティカルを終える２０１５年春にそれまでの研究の成果をＳＯＡＳ及びDaiwa Ango-Japanese Foundation（大和日英基金）主催の2つのセミナーで報告をしたところ、後者のセミナーの録画を見たエジンバラ大学アジア研究専攻から招待され同大学でもセミナーを行った。セミナー終了後、参加していた経済学部の教授から「本にしてはどうか」との言葉をいただき、

2015年の夏に帰国後は、SOASでの授業スライドを起こし、文章化するところから新たな本の執筆を始めた。こうした作業と並行してSOAS時代の最後に同僚と立ち上げた欧日米州の日本経済研究者の国際的なネットワークであるJapan Economy Network（JEN）の年次会合で何度か報告を行い、著書の内容が固まっていった。

このJENとは、サバティカルによる英国滞在も残りわずかとなった2015年春にマチコ先生及びアジア経済専門の若いドイツ人ウルリッヒ・ヴォルツ講師と会食した際に、SOASの日本経済コースの先行きが定かでないところ、日本経済に対して関心のある研究者のフォーラムを作り研究を持続させることができないかと私から提案を行ったことをきっかけに作られたものである。ヴォルツ講師は、この提案を受け、まず日本経済をテーマとする国際workshopを開催し、そこで参加者に日本経済研究の場の設立を諮るという2段階のアプローチを考え、離英間近の7月3日〜4日の2日間、SOASにおいて、英国・大陸欧州・カナダ・日本の大学・中央銀行・国際機関に所属する研究者によるWorkshopを開催し、そこに参加した研究者の間でJEN創設の合意を取り付けた。これまで2016年8月の第1回年次会合（ベルリン）から2023年3月の第5回年次会合（ニューヨーク）まで回を重ねており、私はJEN創設が決まったSOASでのワークショップで報告を行った後、ベルリンでも報告を行い、私にとって著書の内容を詰めていくうえで得難い場となった。

原稿が完成した後、英文での出版については、ＳＯＡＳでの受入教員となっていただいたマチコ先生のご紹介でPalgrave/Macmillanが引き受けてくれ、２０１９年初めに出版された（左記）。ＪＥＮの立上げ及びその後の運営を支えているＳＯＡＳのヴォルツ講師より出版記念セミナーをロンドンで開いてはどうかと言っていただき、２０１５年5月、ＳＯＡＳ、大和日英基金及びチャタム・ハウス(Royal Institute of International Affairs〈王立国際問題研究所〉)においてセミナーを行った。またセミナーの合間を縫ってオックスフォードに留学時代の恩師ドナルド・ヘイ先生を訪ね、先生の所属するジーザス・カレッジの一室で拙著について議論を行った。長く教育を受けた中、恩師と言える方は、小学校の最終学年で指導を受けた内藤澄子先生（吉野源三郎『君たちはどう生きるか』などの名著を読む機会をいただいた）とオックスフォードで薫陶を受けたこのヘイ先生である。著書を贈呈し、ヘイ先生が「君のしていることに非常にハッピーである」と言っていただいたことは、ヘイ先生の恩に少しでもお返しができたのかもしれないということで、私の40年近い職業生活、あるいは小学校からの長い学習生活の中で、大変うれしい出来事であった。

日本語原稿については、Palgrave/Macmillan社より自由に出版できるという了解を当初より得ていた。駒場の同僚の石田淳教授のご紹介で東大出版会との間で話が進み、出版が了解された（左記）。出版の可否を決める編集会議では、原稿に織り込まれた２００を超える図表の豊富さに「尋常ならざるものだ」との言葉があったそうである。データ、証拠に基づいて考えるという原則を徹底して行った結果であると思われる。

Aramaki, Kenji (2018) "Japan's Long Stagnation, Deflation and Abenomics Mechanisms and Lessons" Palgrave /Macmillan

荒巻健二（２０１９）『日本経済長期低迷の構造 30年にわたる苦闘とその教訓』東京大学出版会

著書では、日本経済の長期低迷のメカニズムが3段階で変化したと分析した。すなわち、第1段階ではバブル期の過大な成長予想の下で積み上げた過剰な資産がバブルの崩壊（それに伴う売上の成長の停止とその後の減少）とともに低収益資産に転化し、それが長く残存したことにより企業の収益低下、借入の不良債権化（過剰資産のコストの銀行部門へのシフト）がもたらされ、次いで第2段階でこうした不良債権問題の悪化によって90年代後半に銀行危機が発生し、危機への対応の中で企業が防衛的姿勢（投資・賃金の抑制）を強化・定着させ、これにより構造的内需不足による低成長とデフレの発生・長期化が生じ、さらに第3段階でこうした低成長の長期継続が企業の成長予想の低下をもたらし、その結果として、その後バランスシートが健全化された後も企業の防衛的姿勢が続き、賃金抑制・非正規雇用の拡大などによる家計の将来不安の高まりもあって、需要の構造的な低迷という形で悪循環を起こしたと整理した（次ページ以降に、長期低迷のメカニズムを3段階のフローチャートで示している）。この分析では、現在に連なる第3段階においては、企業や家計の将来予想（企業の低成長予想や家計の将来不安）が大きな役割を果たしていると位置づけている。結局東京女子大学の企画講座の受講生が指摘したように、低迷の30年を経て我が国が失ったものは、労働力でも資本設備でもなく、前を向き積極的にリスクを取っていく姿勢・行動であるというのが結論と言える。

（付表）日本経済長期低迷のメカニズム

（1）低迷の第１ステージのメカニズム（バブル崩壊から金融危機の前まで：1991～1997）

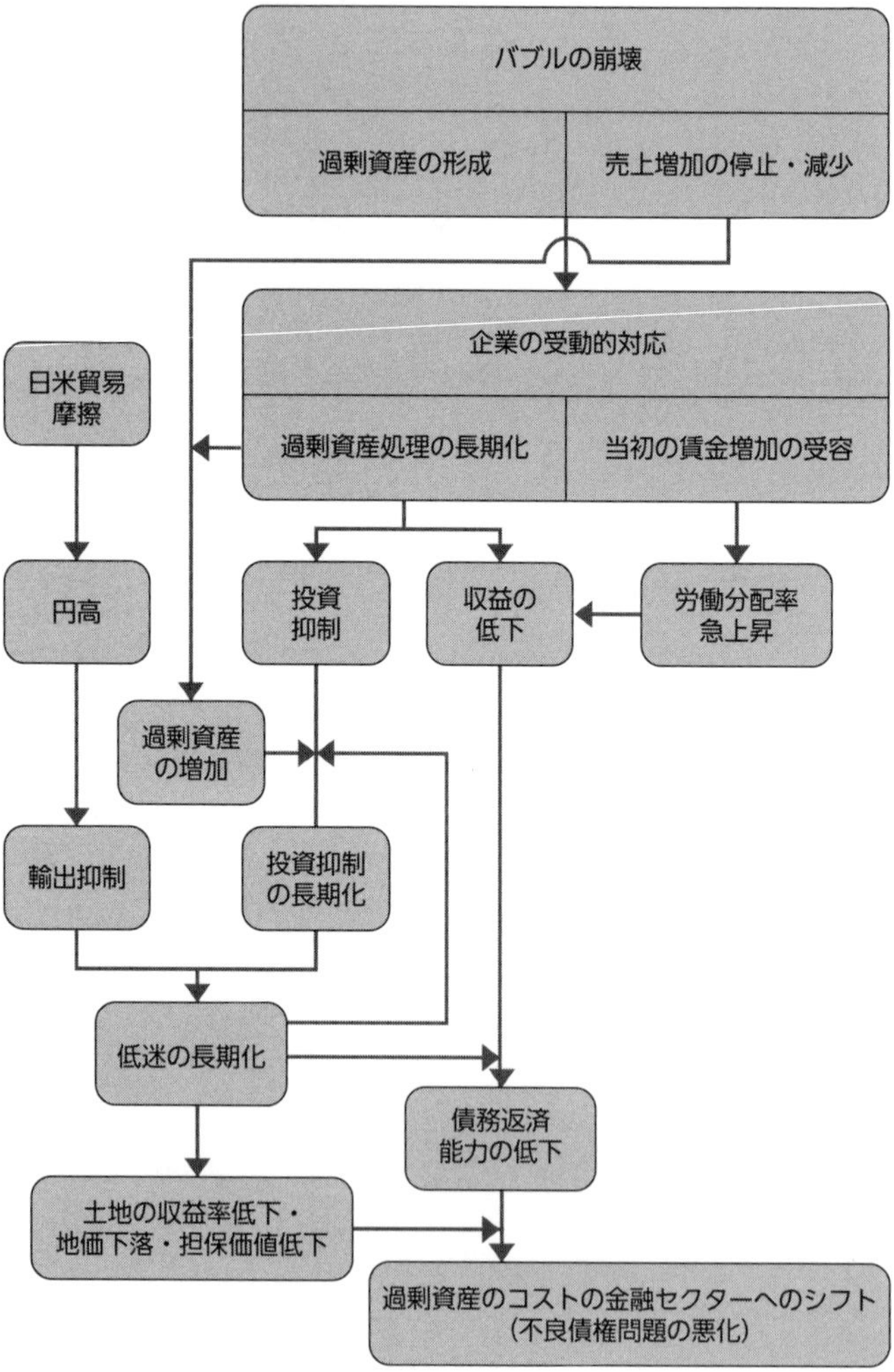

(2) 低迷の第 2 ステージのメカニズム（金融危機から過剰資産の解消まで：1998 ～ 2000 年代前半）

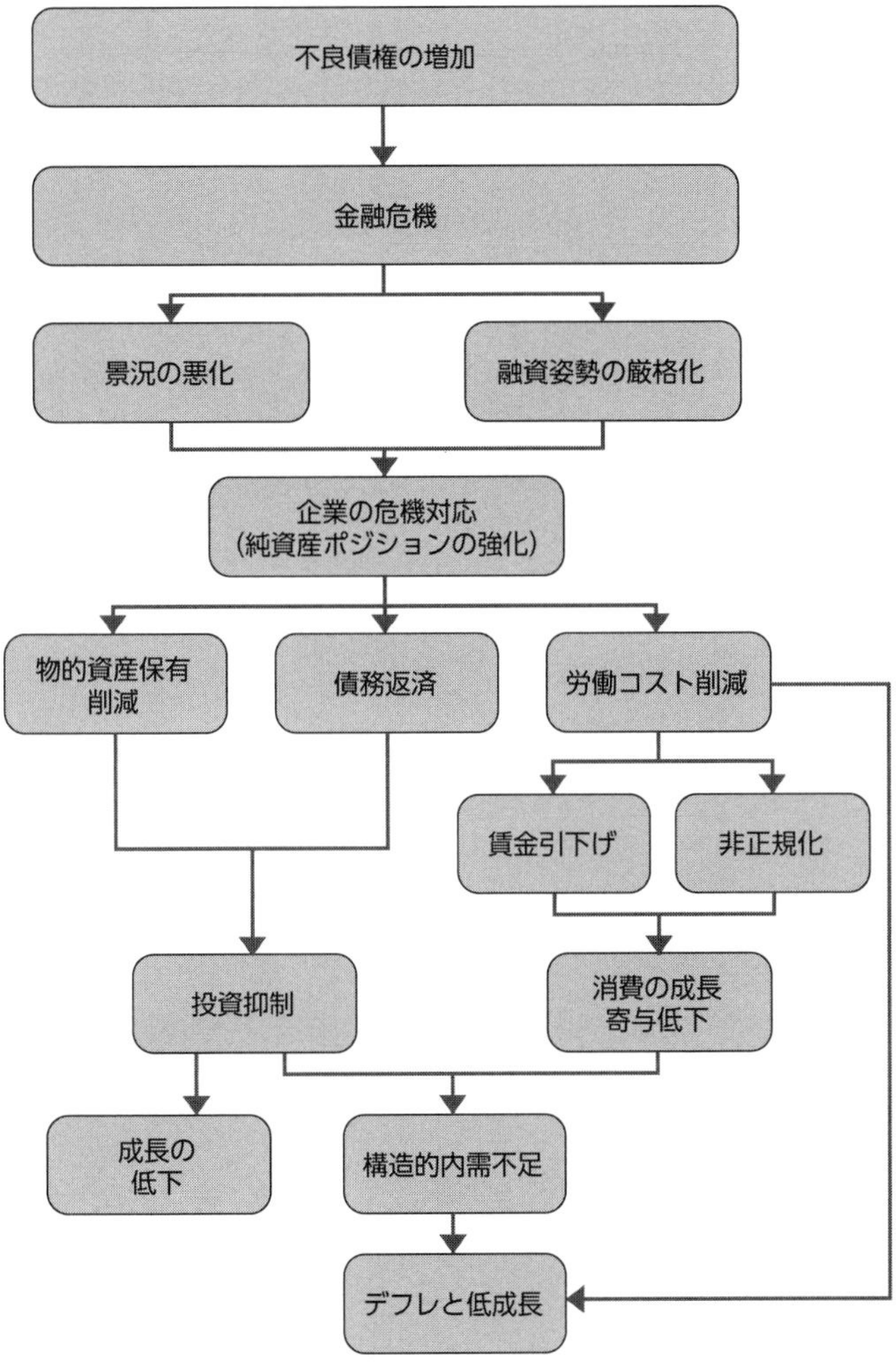

（3）低迷の第３ステージのメカニズム
（過剰資産解消後現在まで：2000 年代半ば〜現在）

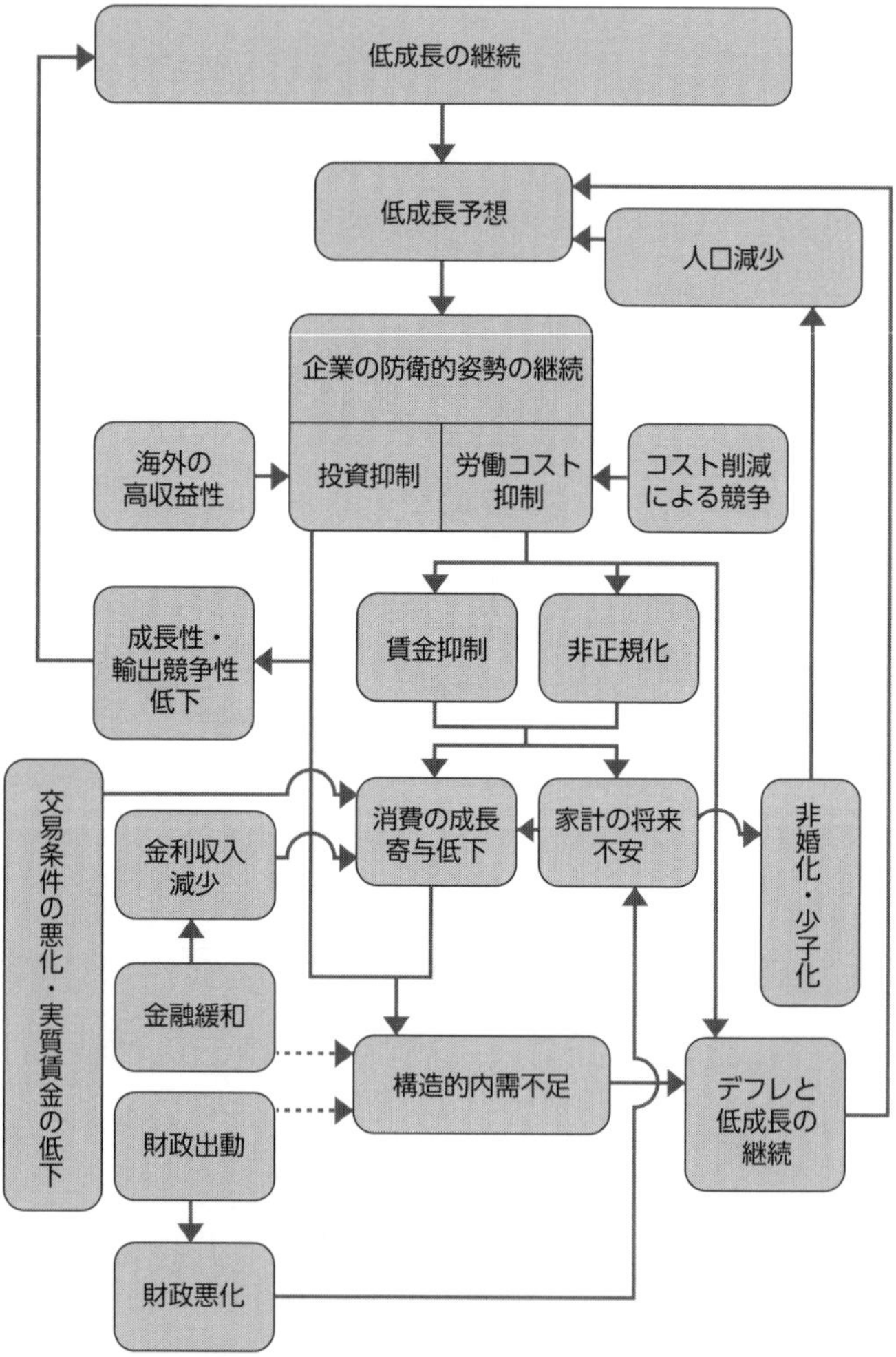

（注）矢印（破線）は対応を示す
（出典）拙著『日本経済長期低迷の構造 30 年にわたる苦闘とその教訓』

おわりに―若い人たちに期待する

最近全日本サッカー監督を務めたイビチャ・オシム氏の著書を読む機会があった。同氏は哲学者を想わせる思索の人であったが、日本経済について「現在、日本人は非常に高い生活水準を保っているが。それは勤勉だった先代が作ってきた生活水準を今の人々が享受しているだけなのではないか」「今の日本人が勤勉であるかどうかは疑問だ」と述べている(イビチャ・オシム〈2007〉『日本人よ！』新潮社)。これが日本人や日本社会のどのような観察から出た言葉であるかは記されていないが、哲人の発した日本経済への警句として受け止めた。

経済企画庁で長期にわたり日本経済の分析に従事し優れたエコノミストであった香西泰氏はその名著『高度成長の時代 現代経済史ノート』(1980日本評論社)の中で、敗戦後「日本国民は…産業化に突進し、大衆の生活水準を許される限り向上させるという夢に、全精力をかけようとし」、(独立を回復した1950年代初め頃に)「日本(は)重化学工業化への『決死の跳躍』を試み、それに成功した」と述べている。高度成長は決して約束されたものではなかったのである。また、東京大学社会科学研究所教授であった橋本寿郎氏は『戦後の日本経済』(1995岩波新書)の中で、米国視察団の報告会場が500人を超える聴衆であふれ、報告に質問が殺到し続々と講演依頼が舞い込んだことや「戦争では負けたが、今度は科学技術の競争や技術に基づく経済戦争では勝とうと思った」といった当時の技術者や経営者の言葉を通じて戦後の日本経済の熱気を伝えている。先に引用した香西氏も前掲書の中で「敗戦国民たる日本人（は）、とにもかくにも「根性」があり、「主体性」があった」と記しており、オシム氏の言うように戦後の高度成長や現在の豊かな暮らしは、こうした戦前の日本で教育を受け、その文化や行動原理を吸収した人たちにより形成されたところが大きいのかもしれない。

さて、我々がそうした先人の努力の果実を享受しているとしたら、我々は将来の世代に何を残せているのであろうか。この点では極めて心許ない状況にある。被引用数で測った注目論文数シェアで、日本は１９９７〜９９年平均では米国に次ぐ世界第2位であったが、２０１９〜２１年平均ではスペイン、イランに次ぐ13位でトップ中国の14分の1以下である。さまざまな世界の大学ランキングでは、媒体により相違があるものの、東京大学を始めとする日本の大学が大きくランクを下げ、米英のみならず中国、シンガポール、香港などアジアの大学の後塵を拝するとするものが多い。ノーベル賞も数十年前の業績が根拠となることもありこれまでは良かったが、今後日本の研究者が受賞を続けられるかどうかかなり疑問がある。スイスの国際経営開発研究所（ＩＭＤ）が作成する世界競争力年鑑で１９８９年から９２年まで1位であった日本は２０２３

年にはマレーシア（27位）、タイ（30位）、インドネシア（34位）を下回る35位まで後退している（アジア太平洋地域では14カ国中11位である）。構成項目別に見ると、政府効率性が64カ国中42位（財政は62位）、ビジネス効率性が47位であるのに対し、インフラは23位となっている。すなわち、これまでに蓄積された資本ストックではなく、制度・政策や企業行動など人的資源の質が関わる分野での後退が著しい。オシム氏の指摘が当たっている可能性がある。

対外的な評価から国内に目を転じたとしても、国力の源泉である人口の減少が本格化し始めている。国立社会保障・人口問題研究所の最新の「日本の将来人口推計」（令和5年推計）の中位推計では2020年現在の約1億2600万人の人口が今後2070年までに約8700万人に減少すると予想されている。これはこれから50年の間、毎年平均で約78万人もの人口が減少すること、すなわち、新潟市（78万人）、熊本市（74万人）、岡山市（72万人）クラスの地方中核都市が毎年1個ずつなくなるペースで我が国が人的に縮小していくことを意味している。今後、流通や公共交通、介護などさまざまな社会システムの維持に困難が生じることが危惧される。財政に目を向けると、我が国の公的債務は2022年現在GDP比261％（2021年255％）でIMF統計が2023年4月時点でカバーする188カ国・地域中188位という世界で最悪の水準（ギリシャは187位の177％であるが2021年の201％から改善）にあり、その収束は視野に入らない。筆者は１９８０年代後半にワシントンＤＣにあるＩＭＦに勤務したが、本部の建物の目の前にあるマサチューセッツ・アベニューは財政難によりまさに穴だらけで放置されており、当時通産省（現経済産業省）からワシントンに出向されていた方の車が道路にあった穴に落ちてシャフトを折ったという話を聞いた。こうした事態が日本でも再現されることが懸念される。大学も国からの支援が使途の細目を特定しない交付金（人件費の重要な財源）から時限性の伴う競争的資金に緩やかにシフトするにつれ、新たに研究職に採用される若い人の間に任期付きポストが広がった。そもそも大学の研究職は経済面だけを見れば大企業などと比べ必ずしも魅力的な職場とは言えないものの安定性や自由度などを備え研究志向のある優秀な人材を集めていたが、こうした研究職が基本的にハイリスク・ローリターンの仕事となってしまった。このように新規参入者にリスクが片寄せされることは必然ではなく大学により相違があろうが、経済の長期低迷の中で非正規化を進めた企業と同じことが多くの大学で起こってしまったと見られる。優秀な者が研究を目指さない社会で革新的研究成果が生まれることを期待することは難しい。

本書では、このように決して楽観できない状況にある日本の明日を託す若い人、とりわけ文系学生を念頭に、将来に向けて大学でどのように力をつけるべきかについて、筆者の経験から感じたことを可能な限り記した。筆者の拙い経験をこうした形でまとめる契機となったのは、役所（大蔵省）の先輩であり、税や国際金融の分野で仕事をする中でその謦咳に触れることの多かった黒田東彦氏（前日本銀行総裁・現政策研究大学院大学特任教授）の勧めがあったことにある。黒田氏は、財務官を務めるなど行政実務で活躍される一方、若い頃より学術書を出版されるなど研究的な仕事も残してこられた。退官後には短期間であるが一橋大学教授として教鞭も取られた。その黒田氏からある時「荒巻君は東大はじめいくつもの大学で教えて来たのだから、その経験をまとめてはどうか」と言われ、自分の経験などが人の役に立つのだろうかと思いつつも、折りにふれ書きとめていた大学関係の書き物を参照しながら、この四半世紀の教員生活から学んだこと、特に学生の成長に何が大切かということについてまとめたものが本書である。ある程度のまとまりができた段階で、これもご縁をいただき、2023年4月から七つ目の大学として、客員教授として教鞭をとることになった昭和女子大学の総長坂東眞理子先生から、スタートしたばかりの昭和女子大学出版会から出版してはどうかとのお話をいただき、今回の出版に漕ぎ着けることができた。声をかけていただいた坂東眞理子先生、出版会の井原奉明先生、岡村伸様には厚くお礼を申し上げたい。また、お名前を挙げきれないが、原稿の段階で目を通し出版にむけ筆者の背中を押してくれた留学時代からの畏友大守隆氏（元経済企画庁調査局内国調査第一課長）や東京女子大学の白砂堤津耶先生、大学1年の初の卓球公式試合で対戦し大蔵省入省後も節目節目でお世話になった式部透氏ほかの方々にも感謝している。とりわけ、すでに述べたようにそもそも本書の執筆を促し、2度にわたり通読し、目指すべき方向について懇切な助言をいただき、推薦の言葉までいただいた黒田東彦氏に深く感謝したい。

最後に日本の将来について一言書かせていただきたい。日本は原点に帰る必要がある。日本は幸か不幸か資源には恵まれておらず、放っておけば貧乏をせざるを得ない。つまり人しか頼るべきものがない国である。ずい分前になるが、若い頃に日本で学んだモンゴルからの留学生が、「我が国は資源はないが人材はいる」と留学当時の佐藤栄作首相が誇らしげに語っていたとの思い出を新聞で紹介していたが、既に過去の話となってしまったのだろうか。オシム氏は別の著書（『考えよ！』２０２1角川ｏｎｅテーマ21）で「リスクを負わない者は勝利を手にすることはできない」とし、その著書の副題に「なぜ日本人はリスクを冒さないのか」と付している。我が国が将来にわたり安全で豊かな国民生活を維持していくためには、今の世代が、先代と同じように、前を向きリスクを取って社会を前進させつつ、将来世代のために、出産・子育てと仕事の両立への環境を整備し人口の維持を図りながら、教育・基礎研究に資源を集中し、自立心と創造性に富む人的資源立国を目指していくしか道はない。これは個人の問題であると同時に、国の根本に関わる問題である。もう一度、教育は「国家百年の大計」であることを想起したい。

その関連で一つ触れておきたいのは、唐突かもしれないが、スポーツの世界での近年の日本の若者の活躍である。米国メジャーリーグの歴史に日々名を刻みつつある大谷翔平選手ばかりでなく、少し遡るだけでも、男子４００メートルリレー銀メダル（２０１６年リオ・オリンピック）、ラグビー・ワールドカップベスト８（２０１９年）、女子バスケ銀メダル（２０２１年東京オリンピック）、サッカー対ドイツ・スペイン戦勝利（２０２２年ワールドカップ）など、運が味方したケースもないではないが、以前は想像すらできなかった快挙を日本の若者は挙げ続けてくれている。世界との競争に飛び込んだ彼ら／彼女らは、日本人は体が小さいからなどということ全てが思い込みに過ぎなかったことを証明してくれた。次は同じことを再度の国造りで世界に示す番である。他の国にできて日本にできないことはない。日本の人的資源の高度化は明確に国家目標として定め、資源を投入し適切なステップを踏んで進めれば実現できるはずである。その場合、我が国の近時の人材育成に関わる論議においては理系重視が言われるが、主たる分析対象の違いはあるものの、文系・理系ともに論理的にかつ証拠に基づいて対象を分析し、そこから人間生活に有用な知見を引き出すことができるという点において違いはない。社会が抱える問題の識別、原因の分析、対応策の検討を行うに当たって、社会や人間行動を主たる分析対象とする文系人材の果たすべき役割は大きい。文系で学ぶ若い人たちが自分の頭で考える力を育てるとともに、データ処理など分析手法を身に付け、これをベースに社会に出ても学びを続け、いつかいずれかの分野で専門家となり、問題解決者として我々の社会の問題を理系人材とともに解決していくことを願っている。そのためにわずかなヒントでも提供でき、若い人たちが日本の明るい未来を作っていくことに間接的にでも寄与することがあれば、生涯一教員でありたいと願う者としてこれに過ぎる喜びはない。若い人たちの活躍を期待し、それを信じている。

２０２４年２月
荒巻健二

初出一覧

本書の内容の一部には、著者がこれまで左記に掲載した内容を加筆訂正の上盛り込んでいる。

「当世学生気質」 大蔵省『ファイナンス』1999年6月
「学生は大学に何を求めているか」 東京大学教養学部『教養学部報』第558号 2013年7月3日
「大学教員はホームレスか」 東京大学教養学部『教養学部報』第569号 2014年11月5日
「熱心に学ぶ学生を生み出すものは何か〜日英大学生雑感〜(I)(II)」 東京大学教養学部『教養学部報』第578号 2015年11月4日、第579号 2015年12月2日

著者略歴

荒巻　健二（あらまき　けんじ）　昭和女子大学客員教授、東京大学名誉教授

1952年東京都生まれ。一橋大学社会学部（74年）・同法学部（76年）卒業、オックスフォード大学経済学修士（80年）、京都大学経済学博士（01年）

大蔵省入省(76年)後、オックスフォード大学大学院留学(78～80年)、IMF財政局エコノミスト(87～89年)、主税局・国際金融局勤務等を経て、京都大学客員教授（00～02年）、東京大学大学院総合文化研究科・教養学部教授（04～17年）、ロンドン大学東洋アフリカ研究学院（SOAS）客員教授（14～15年）、東京女子大学特任教授（17～22年）。

専門は国際金融、日本経済

主な著書に、『アジア通貨危機とIMF』1999年 日本経済評論社、『金融グローバル化のリスク』2018年 日本経済新聞出版社、"Japan's Long Stagnation, Deflation, and Abenomics" 2018 Palgrave/Macmillan、『日本経済長期低迷の構造』2019年 東京大学出版会

君たち文系はどう生きるか

東大で「鬼」と呼ばれた教授が伝える人生に活きる授業と成長へのヒント

2024年2月7日　初版印刷
2024年2月7日　初版発行

著者　荒巻健二

発行・販売元　昭和女子大学出版会
〒154-8533 東京都世田谷区太子堂 1-7-57
TEL 03-3411-5300
印刷・製本　株式会社シナノ
ISBN　978-4-7862-1802-6 C0037